国际优才教育研究的发展

向发展系统论进路延伸

任巧华　武青艳　著

厦门大学出版社　国家一级出版社
XIAMEN UNIVERSITY PRESS　全国百佳图书出版单位

图书在版编目（CIP）数据

国际优才教育研究的发展：向发展系统论进路延伸 /
任巧华，武青艳著. -- 厦门：厦门大学出版社，2024.4
ISBN 978-7-5615-9342-4

Ⅰ．①国… Ⅱ．①任… ②武… Ⅲ．①人才培养-研
究-世界 Ⅳ．①C964.1

中国国家版本馆CIP数据核字(2024)第066381号

责任编辑　李瑞晶
美术编辑　李嘉彬
技术编辑　朱　楷

出版发行　厦门大孛出版社
社　　址　厦门市软件园二期望海路39号
邮政编码　361008
总　　机　0592-2181111　0592-2181406(传真)
营销中心　0592-2184458　0592-2181365
网　　址　http://www.xmupress.com
邮　　箱　xmup@xmupress.com
印　　刷　厦门市金凯龙包装科技有限公司

开本　720 mm×1 000 mm　1/16
印张　12.25
插页　1
字数　170 千字
版次　2024 年 4 月第 1 版
印次　2024 年 4 月第 1 次印刷
定价　48.00 元

厦门大学出版社
微信二维码
厦门大学出版社
微博二维码

前言

　　人力资本是国家创新系统的重要组成部分，构建高效的创新系统的核心在于最高程度地发展教育、发挥有天赋学生的潜力、实现人力资本的最大化优势。优才教育又被称为天赋、资优或天才教育。优才教育关注的是智力超常的、在某些领域有着特殊天赋的学生。为了发展国家的人力资本，许多国家高度重视优才教育，纷纷启动了优才教育计划，因此，研究国际优才教育有着十分重要的现实意义。

　　本研究的贡献如下。

　　第一，从天赋和才能视角厘定"优才"的含义。"优才"并非指IQ高的个体，而是指学习能力和解决问题能力强的个体，因此优才生不同于聪慧的学生，其判定的标准也多种多样，不仅可以借助量表测试来判定，还可以通过考虑社会文化等影响因素来判定。鉴于优才生特殊的学习需求和社会情感需求，优才教育以"社会契约论"为依据，不断加强政府、研究机构、学校之间的通力合作。

　　第二，阐述优才教育的理论基础。认知科学的"反思和元认知"理论、精神分析学的"积极分裂"理论、社会心理学的"马斯洛需求层次"理论、教育学的"建构主义"理论等为优才教育研究提供跨学科的理论基础。受此影响，优才教育研究不断建构新的理论，如"三元智力"理论、"多元智力"理论、"自我概念发展"理论、"提升多层次敏感度"理论等，优才教育的解释模式也从"神秘模式"转向"精通模式"。

　　第三，探析优才教育的传统理路。（1）以动机为基础的研究图谱，如融合学习动机与期盼价值理论，探究无意识流和自决的动机理论，强调以学习和成就为核心的目标理论，挖掘自我效能理论和归因理论的意涵。（2）以动机为导向的理论模型，包括学习路径和评估的关系模型、自我调节学习模型、内在催化因素的综合模型，以及有关动机的 TARGET 理论模型。（3）以环境催化因素为导向的理论图谱，包括环境催化因素理论的综合模式、以教育供给为导向的环境催化模式、以成绩判断为导向的环境催化模式。

第四，阐述优才教育研究的新范式。（1）阐释优才教育传统研究在科学方法论以及实践过程中的局限。（2）分析优才教育研究的系统论范式，包括情境依赖模式以及天赋行动模式的建构。（3）探讨天赋发展的动力学路径，包括分析行为模式要素协同演化的适应条件以及系统内外互动模式的构建。（4）从标准测试扩展到 DISCOVER 评估模式的测试方法。

第五，进一步思考国际优才教育研究的问题。（1）从四次发展浪潮分析优才教育研究发展的动因。（2）对优才教育合作学习问题的再思考，进一步思考社会建构模式下优才生和普通生合作学习的可能性。（3）厘析优才生的特殊问题，进一步思考优才生的完美主义倾向、女性的天赋和心理咨询，对优才生的家长疑团的解读，以及分析未能充分发挥学习潜力的有天赋学生的问题所在。（4）从哲学实在论视角反思优才教育的发展理念。

目录

导 论

从优才教育的研究来看，学者们一般将 IQ 测试分数在 130 分以上的学生视为"有天赋的"。实际上，在教学过程中，天赋的测定方法是多样的，比如利用教育测试、心理测试等多种方法加以测量。但是，学界发现，依照这些方法测定优才生有以下缺陷：（1）教育工作者往往从创造力、性别或课堂行为的角度测定优才生，较难规避主观偏见。（2）从学校的角度测定优才生往往会形成"贴标签效应"，如教师认定某些学生是有天赋的（即优才生），就提名其参与研究项目或拓展计划，从而使优才生忽视了对自我的正确认知。

鉴于此，很多学者从动机的角度探究优才生的内在因素。一般来说，动机是以目标活动为导向的，包括选择目标并朝着此目标而努力。动机一般是从心理学角度界定的，而动力理论探讨的是相对稳定的动机特征。因此，优才教育领域往往从动机的角度入手，分析优才生的动机特征以及确定有利于或阻碍天赋发挥的动机。从心理学角度上看，很多研究从动机特征的角度测定天赋，如美国教育心理学家兰祖利的"天赋三环模型"（three-ring model of giftedness）就将任务责任感、创造力以及超常能力等因素结合起来测定天赋能力。[①] 从教育学的角度上看，许多研究从成就的相关变量验证动机，以此作为优才教育的重要实践结果。由此，越来越

---

① RENZULLI J S, 2016. The three-ring conception of giftedness: a developmental model for creative productivity[M]// STERNBERG R J, DAVIDSON J E. Conceptions of giftedness. New York: Cambridge University Press:53-92.

多的心理学和教育学领域的学者聚焦于优才生的学习动机，挖掘促使天赋超常发挥的可能变量，如兴趣、创造力以及归因能力。[①] 当然，还有研究关注动机发生的环境因素，如家庭环境、学校环境等。但对动机的这些测量往往根植于近代以来机械论的研究范式，集中考察对学习能力产生积极效应的变量，承袭还原主义传统。

这种还原主义的研究传统使早期的研究者尝试将天赋分解成不同的要素加以研究，如知识、创意、社会、语言、量化数学和非语言能力等。随后有关天赋教育多因素的模型和理论纷纷被建构出来，着眼于表征天赋的因素，如非认知的内在因素（如动机、控制信念、焦虑）、外在因素（如课堂气氛、家庭环境）等。这些理论模型常常被用来进一步预测学生的超常潜能，但遗憾的是，还原主义的分析方法无法规避从部分理解整体的局限性。随着发展系统论研究兴起，优才教育研究有了新的发展方向，即对事物的理解除了从系统要素出发，还应关注系统的组织情境，从而破除还原论方法强调线性因果关系的藩篱，实现向因果反馈原则的跨越，从系统论角度为优才教育研究带来重要的启发。从 20 世纪初开始，优才教育研究逐渐进入学界的视野，迄今为止，优才教育发展情况如何？有怎样的理论进展？对科学方法论研究又有怎样的意义？这些问题无疑对优才教育、创造学等领域研究至关重要，鉴于此，本研究探讨和分析国际优才教育研究的发展历程，以期为相关领域的研究提供参考。

① SHAVININA, 2009. International handbook on giftedness[M]. New York: Springer :2.

1

国际优才教育的发展概况

优才教育（gifted education）又被称为天赋、资优或天才教育（gifted and talented education），是针对有天赋的青少年进行的特殊教育实践。究竟怎样的学生才算是优才生？学界至今还没有明确的界定。不过，2011 年，美国优才儿童协会尝试界定优才生，认为优才生指在某个或多个领域中有着杰出天赋和才能的学生。一般来说，优才教育的对象是那些有天赋、有卓越才华的学生群体，因为传统的教育教学模式已经无法满足他们智力发展的特殊需要。各个国家从培养人才的角度，专门针对这类学生因材施教，采取灵活的教学模式，切实提升优才教育质量。

1.1 优才教育发展的时代背景

1.1.1 国家科技人才的需求

人力资本发展是国家创新体系建设的重要组成部分，而国家创新体系是以国家特殊创新能力为基础的，如专利产出。为了在科技上领先世界，西方发达国家积极培育优才生，使其成为公共部门和私营部门领域的研发精英。青少年关乎国家的未来，随着各级教育的逐渐普及，世界上很多国家高度重视优才教育，采取各种举措完善教育体制，改革课程教学体系和内容，深入挖掘优才生的天赋潜力，注重创新意识和创新能力的培养，最大化实现人力资本优势。

世界各国和地区积极推进科教兴国和人才发展战略，特别针对优才生设立专门的教育机构和科研机构，比如美国有国家特殊儿童研究中心，我国香港成立资优教育协会，新加坡的高教司专门负责优才生的鉴定和教育。从人才的培养看，优才生是国家未来潜在的精英人群。一般来说，优才生学习速度要快于一般学生，他们能够在正常的教学环境下，用一年的时间学会几个学年所要掌握的知识。优才生仅仅借助新概念即可把握教学内容，通过个人经验和动手实践能快速提升考试成绩，勇于接受跨文化教育的挑战。因此，从智力等多维度强化和刺激优才生，有助于将其培养成领先的科学家、企业家和创新家，使之成为各个行业的精英，有利于国家的长远发展。[①] 特别是在一些边缘学科，如农学，往往会出现人才供小于求的现象，所以培养诸如食品加工和农业金融方面的优才生也十分必要。这些在农学领域有天赋的学生组成专家团，能够满足农业人才市场的需求，甚至能对国家农业发展起到至关重要的作用。[②] 如在美国弗吉尼亚州，由美国教育部资助了为期四周的暑期居民计划，以及由弗吉尼亚理工大学主持和推动有关农学项目，项目的参与者为美国各州部分学校所提名的有天赋的学生。学生通过课堂、实验室等渠道参与到农业科学的研发活动中。这种面向农业科学的培养计划为优才生提供了学习和锻炼的平台。学生从中能够系统学习农业科学相关知识，并以农业产业化为契机，寻找适合自己的职业发展模式。

1.1.2　优才教育发展的个人与社会需求

根据美国天赋儿童协会的研究，大约5%～7%的儿童是有天赋的。[③] 很多国家往往忽视了这些优才生的教育需求，特别是忽视了中小学的优才教育，导致以下问题的出现。

（1）优才生辍学现象。优才生的学习能力优于同龄其他学生，让他们重新学习已经掌握的知识毫无意义。特别是，现有的教学大纲已经无法满

①　KUO C C, MAKER J, SU F L, HU C,2010. Identifying young gifted children and cultivating problem solving abilities and multiple intelligences[J]. Learning and individual differences, 20(4): 365-379.

②　CANNON J G, BROYLES T W, SEIBEL G A,2009. Summer enrichment programs: providing agricultural literacy and career exploration to gifted and talented students[J]. Journal of agricultural education, 50(2): 27-38.

③　WARNE R T, 2023. Censorship in an educational society: a case study of the National Association for Gifted Children[M]//FRISBY C L, REDDING R E, O'DONOHUE W T, et al. Ideological and political bias in psychology: nature, scope, and solutions. Cham: Springer International Publishing: 461.

足他们的求知欲，而且课堂教学进度过慢，不利于他们尽快吸收新知识。因此，有研究结果显示：1991年美国有18%～25%的优才生辍学，其中最重要的原因就是缺乏优才教育以及社会调控失当。[①] 实际上，优才教育有助于优才生参与到课堂学习中来。从知识结构上看，其教学大纲符合优才生的社会和情感需求，能够教会优才生职业和日常生活中必需的本领，让他们积极参与到课堂的学习中来。

（2）优才生需要得到学校和社会的关注。古语"不患寡而患不均"提到了一种平等的价值观。很多公立学校不能对优才生存有偏见，对于优才生来说，他们渴望从结果上的平等向机会上的平等转变，也在努力完成学分，只是他们需要遵循自己的学习进度接受新知识，所以应该尊重这类群体的差异。

（3）优才生自身的需求。优才生往往智力超常，对知识、情感等有诸多诉求。传统课堂的教学进度和模式无法满足他们的情感需求，所以需要优才教育的补充，在课堂上要尝试让他们与其他同学分享学习的乐趣，要避免课程设置中的重复，要使课程内容更加深入，将新的技能和日常的信息密切结合。优才生可以从社会情感学模式中获益，较好地掌控自己的情绪和对问题理解的深度。

1.2　国际优才教育的兴起

两千多年前，古希腊哲学家柏拉图就谈到优才生应该接受特殊的教育。中国唐朝时期，一些神童被召集到宫廷接受专业的教育。整个文艺复兴时期，在艺术、建筑、文学等方面有特殊才华的人会得到政府或私人资

---

① JOLLY J L, 2018. A history of American gifted education[M].New York: Routledge:138.

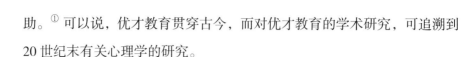
助。^① 可以说，优才教育贯穿古今，而对优才教育的学术研究，可追溯到 20 世纪末有关心理学的研究。

1.2.1 优才教育的勃兴

对优才教育做出杰出贡献的人物有很多，其中包括英国心理学家弗朗西斯·高尔顿（Francis Galton）、美国心理学家刘易斯·推孟（Lewis Terman）、美国心理学家莱塔·霍林沃斯（Leta Hollingworth）等。高尔顿是最早研究人类天赋能力的学者之一。他在 1888 年到 1894 年间测试了 7500 多人的智力，发现如果父母天赋能力超常，那么孩子也会受影响。他把人分为有天赋的、有能力的、普通的、能力不佳的。他鼓励前两种人优先生殖，认为人类的才华与遗传有关。^② 斯坦福大学学者刘易斯·推孟在 1918 年将比奈-西蒙智力测验融入斯坦福-比奈测试中，强调智商与人的年龄有关，将智力界定为"抽象思维的能力"。^③ 一战期间，他作为美国陆军军官同心理学家一起为新兵进行智力测试。一战后，他对加利福尼亚智商超过 140 分的 643 名儿童进行有关天才的遗传研究，得到心理学界的认可，特别是他证伪了常见的误区，如高智商的孩童更容易患身体和精神疾病。霍林沃斯是推孟的同事，他研究了如何更好地让智商高的孩子表现更优异。尽管他承认智商同遗传有关，但他认为家庭环境和学校结构同样发挥着重要的作用。他认为聪明的学生并非一定有才华，而是需要在

① COLANGELO N, DAVIS G, 1997. Handbook of gifted education[M]. 2nd ed. New York: Allyn and Bacon: 5.

② GILLHAM N W, 2001. A life of Sir Francis Galton: from African exploration to the birth of eugenics[M]. London：Oxford University Press：1-7.

③ TERMAN L M,1925. Mental and physical traits of a thousand gifted children[M]. CA:Stanford University Press:35-37.

早期就被挖掘以及得到日常的培养。为此，他针对纽约智商超过 150 分的 50 个孩童展开了为期 18 年之久的研究，还专门为智商高的孩子在纽约开办学校。

除了美国之外，世界各国也纷纷开启了优才教育计划，在此列举其中几个案例。

（1）加拿大和伊朗：加拿大艾伯塔省卡尔加里市的中小学有针对 4～12 年级的优才教育（gifted and talented education, 简称 GATE）计划，从中选拔智力水平较高的学生进行特殊的教育训练。伊朗于 1976 年成立的国家优才发展组织（National Organization for Development of Exceptional Talents）就是针对智力超常的中学生开展优才教育计划的。这些能够参加计划的优才生要经过层层选拔和高难度的入学考试，他们只占学生总数的 5%。国家优才发展组织下设的学校入学门槛较高，特别是阿拉梅赫黑里（Allameh Helli）高中、沙希德马达尼（Shahid Madani）高中等所授课程水平与高校课程并无二致，但课程主要以自然科学为主，如生物学、化学、物理学、数学等，并且不少学生在国际奥林匹克竞赛中获得优异的成绩。

（2）挪威：挪威虽然没有专门的优才青少年研究所，但有专门的音乐学校为有音乐才能的青少年进行专门培训，还有顶级体育学校为挪威有运动才能的中学生提供专业化的培训。

（3）英国：在英国，有 5%～10% 的学生被学校认定为优才生。对这些优才生，学校根据其需求进行课程内容设置。

（4）斯洛伐克：1998 年斯洛伐克成立了布拉迪斯拉发优才儿童学校（Bratislava School for Gifted Children），开展优才教育计划。

（5）爱尔兰：爱尔兰都柏林城市大学（Dublin City University）在 1992 年成立了爱尔兰资优青少年研究中心。

我国也大力发展优才教育，如北京的优才教育中心等专门针对资优学生进行多学科训练，香港地区、台湾地区等也有专门针对优才生的研究和培训机构。

1.2.2　国际优才教育法案的出台

（1）美国

自苏联成功发射人造地球卫星之后，美国开始重视优才教育问题。1958 年，美国国会通过了《国防教育法》（National Defense Education Act），向科学技术和数学教育领域投入 10 亿美元。教育工作者随即在学校寻找超常学生（要经过严格的智力测试，智商测试分数要高于 130 分）加以培养，为国家建设服务。[1]1972 年，有关天赋教育的研究报告表明，智力测试和个体的才能的相关性不显著。该报告指出，天赋应被界定为儿童在下列任何领域中具有的潜能或较高的表现水平：一般的智力、特殊的知识能力、创造性思维、领导才能、视觉和行为艺术、精神运动能力。[2]1988 年，美国通过了针对中小学的《雅各布·贾维茨资优学生教育法案》（Jacob Javits Gifted and Talented Students Education Act），每年由国会为优才研究提供大量的经费资助，推动了美国国家优才研究中心致力于资优学生的选拔和认定等研究。到了 2002 年，美国出台了《不让一个孩子掉队法案》（No Child Left Behind Act），要求学校的管理者及教师不要对学生有任何的歧视，要关心不同水平的学生。

---

① FLEMMING A S,1960. The philosophy and objectives of the National Defense Education Act[J]. The annals of the American Academy of Political and Social Science, 327(1): 132-138.

② MARLAND S P,1972. Education of the gifted and talented: report to the Congress of the United States by the U.S. Commissioner of Education[M]. Washington, DC: U.S. Government Printing Office:18-25.

（2）芬兰

芬兰 1998 年出台的《学校法》承认了个体差异并允许学校根据学生的年龄和学习能力来安排课程（Law No. 628 §3）。另外，学生可以提前一年入学（Law No. 628 §27），除了学习课本知识之外，还可以学习课本之外的内容（Law No. 628 §11）。

（3）奥地利

奥地利优才教育根源于政治行动，各个政党就有关天赋的认定以及满足优才生教育需求等方面达成共识。奥地利出台的《教育法》将优才教育视为普通教学系统的一部分，强调了学校的个性化教育，除了一般课程之外，还专门为个人职业发展提供了速成课程以及拓展课程。有关优才教育需求的规制也越来越完善。在奥地利，优才生除了可以参加普通班的学习之外，还可以参与强化班的学习和各种知识拓展课程的学习，如学习语言、数学、自然科学、音乐等。

（4）希腊

1981 年，希腊《特殊教育第一法案》（The First Act of Special Education）出台，并被政治家和普通公民广泛接受。1985 年的修订法案（1566/85）中明确承认学生的个性和需求的差异，提出应该针对学生特殊才能和兴趣来发展其学习的潜力和创造力。这个法案适用于中小学的教育。2003 年 10 月 29 日，希腊出台的《教育法》（Law 2817/2000）中第一条规定，特殊的教育不仅涉及残障学生，还涉及一些有特殊才能和天赋的学生。

（5）西班牙

西班牙 1990 年出台的《学校法》第 36 条为优才教育发展提供纲领，进而确定优才生及其特殊的教学需求。西班牙的《王室法令》明确规定将教育目标转向优才教育的特殊需求，该法令特别提及了教师培训。2002

年 12 月，西班牙出台了《品质教学法》，也强调了对优才生的关注。其中第 43 条提及基本的原则如下：第一，优才生应该被教育管理者特别关注；第二，教育管理者要及早评估和认定优才生及其需求；第三，政府要为优才学习教育计划的建立设定标准和规范；第四，教育管理者要采取必要的措施推动优才教育在学校中开展，虑及学生的需求；第五，教育管理者要鼓励教师对优才生的特殊培养，并为学生家长提供足够的咨询和建议。

（6）土耳其

土耳其共和国成立后，颁布了有关优才教育领域发展的相关法案，其中包括交换生计划以及学校、科研院所优才培养计划，如 1929 年的交换生计划、1948—1956 年的交换生计划、1956 年的天才集群计划、1962 年科学高级中学、1964 年的特殊班计划、1997 年的"法案 573"（法案包括为有特殊需求的儿童提供直接或间接服务，以及通过学校、机构和项目确保这些服务的良好施行）。土耳其科学技术研究理事会（TUBITAK）根据不同的教育层次为学生安排不同的竞赛，为优才生提供奖金支持。

（7）韩国

2000 年韩国出台了《优才教育促进法》（Gifted Education Promotion Law）。2002 年，韩国科技教育部成立了研究优才教育的国家研究所，确保优才教育研究及政策得到很好的落实。目前，韩国有 25 所高校在不同程度上尝试开展优才教育研究，比如首尔大学设立天赋教育研究所、韩国优才教育学会。

（8）其他国家

匈牙利出台的《公共教育法》（The Law of Public Education）、爱尔兰 1998 年出台的《教育法》（The Education Act）、波兰 1991 年出台的《教育法》（The Act of Education）、葡萄牙 1986 年出台的《基本法》（General Basic Law）等都明确规定了优才教育实施的具体方案。

1.3　国际优才教育的发展现状

国际上，许多国家都大力发展优才教育，其中不仅包括发达国家，也包括发展中国家。在此，本书介绍其中比较典型的几个国家的发展概况。

1.3.1　美国的优才教育

近些年来，美国优才教育高速发展，其中涌现了不少重要的理论研究者，以及一系列的优才教育计划及其配套的培训课程。

美国教育心理学家约瑟夫·兰祖利（Joseph Renzulli）是优才教育研究的代表人物之一，是美国心理学学会会员以及优才教育白宫特别工作组资深顾问。他提出了"天赋三环模型"（three-ring model of giftedness），使优才研究的视野更宽广；还提出了"学校延伸模型"，对"优才"有独到的理解。[①] 他主要研究年轻人创造力和天赋的发展和认定，关注学校组织模式和教学战略的总体改进，并致力于将天赋教育战略应用到提升学生学习层次上。

（1）优才教育的特色技法：阿尔伯特因索米技法

美国优才教育在兰祖利等重要领军人物的影响下，产生了一些新奇的教学技法，其中比较典型的是阿尔伯特因索米技法。阿尔伯特因索米技法是一种借助数学运算的心算游戏。游戏的受众是 5～8 年级学生乃至高中学生（游戏涉及阶乘和指数）。这种教学技法用以培养学生通过联想解决

---

① RENZULLI J S, 2005. The three-ring definition of giftedness: a developmental model for promoting creative productivity[M]// STERNBERG R J, DAVIDSON J E.Conceptions of giftedness. Cambridge: Cambridge University Press: 246-280.

问题的能力，以及学生的批判性思维，用创造性思维的游戏启发学生智慧。教师可以通过选择不同数字让学生参与到游戏中来，并可随意地提高或降低游戏的难度。游戏可以教会学生在小团队乃至整个班级中进行合作，鼓励课堂上学生的团队合作。

为了在游戏中获胜，学生要积极思考和解答方程式。阿尔伯特因索米技法并不会让学生为了学习而学习，机械地反复地演算数学题目，而是让学生通过不同的游戏方式自然而然地学会解题方法。学生首先看到卡片数字的算法，之后借助不同的运算符号（加、减、乘、除）进行运算。学生在计算过程中需要移动或触碰卡片，在游戏过程中学会乘法和除法的知识。学生通过游戏不仅可以学会解题的技法，还可以强化学习的能力，对他们的数学学习裨益颇多。阿尔伯特因索米技法深受学生欢迎，是因为其一方面在设计上符合孩子手比较小的特征，另一方面不会让学生感觉到被强迫上课或被迫完成作业，而是让学生觉得自己在做游戏，学生不断参与其中，享受学习乐趣。该游戏旨在让学生不再机械地演算题目，而是在游戏过程中了解和学习数学算法。因此，即使平常不愿意学习数学的学生也会对阿尔伯特因索米技法产生浓厚的兴趣，完全投入游戏中。

（2）优才教育研究所及其教学计划

美国成立了大量的优才教育研究机构，其中比较典型的有戴维森人才发展研究所（Davidson Institute for Talent Development）、美国西北大学天才发展研究所等，这些机构用以实施优才教育计划，强化优才教育课程建设。

戴维森研究所是一家非营利性组织，成立于1999年，侧重于发现和培养富有天赋和才华的青少年（这些青少年曾被学校和家长忽视）。有研究显示，美国很多有天赋的孩童，其天赋和才能因缺乏相关机构的支持和培养而被埋没。戴维森研究所的教育者协会（Educators Guild）由教师、学生、辅导员和学校管理工作者等组成，致力于发现和服务于有较高天赋的学生，实施相关的战略计划。

总的来说，戴维斯研究所免费提供下述服务。第一，戴维森青年学者（Davidson Young Scholars）计划。戴维森青年学者计划鼓励优才生之间的交流和学习，鼓励优才生参加研究所的在线互动学习，鼓励优才生同知名学者沟通和联系。通过个性化项目，为有天赋的年轻人提供发展服务，主要包括培养天赋能力、提供学术支持和教育服务。戴维森青年学者与研究所专家的团队成员建立伙伴关系，施行个性化的行动方案，该方案旨在培养年轻学者。戴维斯研究所为符合条件的优才生提供经济资助，定期举办相关的学术会议。第二，戴维森研究奖学金（Davidson Fellows）计划。戴维森研究奖学金计划主要针对在科学、技术、数学、文学、哲学以及音乐等领域获得卓绝成就的学生，资助的金额高达 50000 或 10000 美元，用于其科研和学习。第三，PG Cyber Source 数据库服务。戴维森人才发展研究所还提供 PG Cyber Source 的数据库服务，为优才生提供学术文章在线检索和下载服务。

美国西北大学天才发展研究所隶属于该校教育和社会政策学院，是一家服务于优才生及其家庭以及教育工作者的研究机构。西北大学天才发展研究所的一个重要项目是 1982 年启动的西北大学中西部学术天才搜寻（Northwestern University's Midwest Academic Talent Search，简称 NUMATS）计划，其为 3 年级到 9 年级优才生提供超水平测试。这一计划在优才教育界被广泛研究和公认。NUMATS 在老生测试的基础上，提供更为精确的能力测试，因为研究显示得分在前 10% 的学生与得分一般的学生在能力和教育需求上有明显的差距。一般的年级测评考试无法准确反映出资优学生的潜力，因此 NUMATS 测试有着特殊意义。另外，通过测试结果，家长能够有效获悉孩子在哪些领域有较高的天赋，有助于家长为孩子规划未来。

美国西北大学天才发展研究所得到了北方中央学会委员会、科学理事

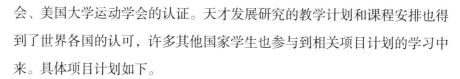

会、美国大学运动学会的认证。天才发展研究的教学计划和课程安排也得到了世界各国的认可，许多其他国家学生也参与到相关项目计划的学习中来。具体项目计划如下。

一是天才发展研究所暑期计划，安排了跳背游戏（Leapfrog）、星火（Spark）、顶点（Apogee）和公民领袖学院（Civic Leadership）等系列课程，主要针对从学前班到 12 年级的优秀学生进行指导服务，旨在培养学生的学习兴趣和信心。

二是周六强化计划（SEP），主要为 4 岁到 9 年级的资优学生开设富有挑战性的强化课程。SEP 在秋冬的 8 个周六以及春季的 6 周时间里，为学生开设数学、科学、语言艺术或社会科学课程。

三是资优 LearningLinks 计划，采取灵活的互动式在线模式，为从幼儿园到 12 年级成绩优秀的学生提供特殊的强化课程，此外还开设高中的高级课程和大学学分课程。结合优才教育的专业知识和先进的技法，该活动为学生提供完美的在线学习体验。资优 LearningLinks 计划特别针对优才教育，提供了灵活、独立和创新的学习技法。优才生可选择许多课程，包括英语和写作、人文与社会科学、数学、自然科学、技术和世界语等。

资优 LearningLinks 计划具体涉及以下几方面内容：（1）家庭计划。在春、夏、秋、冬四个学期，资优 LearningLinks 计划为从幼儿园到 2 年级的学生提供为期 9 周的家庭课程。家庭课程涉及丰富的教学内容和有趣的活动，供家庭成员一起学习。家长参与到核心活动中，可以选择一些拓展活动，可以在线进行实时讨论，家庭之间可以分享成就。（2）强化课程。在春、夏、秋、冬四个学期，资优 LearningLinks 计划为 3 到 8 年级学生提供为期九周的强化课程。这些课程安排是灵活的，提供丰富的课程素材，让学生学习富有挑战性的内容，所有学生可以与来自世界各地资优学生进行互动。（3）核心要素课程。在春、夏、秋、冬四个学期，资优 LearningLinks 计划为 3 年级到 8 年级的学生提供为期 9 周的核心要素课程。这些课程针对想要突破和超越其所在年级的学习要求的学生。学生在教师的指导下借助各种在线工具，学习语言艺术、数学和科学等有挑战的课程。（4）课外俱乐部。资优 LearningLinks 俱乐部是在学生的提议以及 GLL 计划的批准下成立的，为学生提供与教师和其他优才生交流互动的机会。教师要协助俱乐部负责人做出有关优才教育的交流互动的决策，为俱乐部发展献计献策。（5）高级选修课程。在春、夏、秋、冬四个学期，资优 LearningLinks 计划为 6 年级至 12 年级学生提供一学期的高级选修课程，涉及科学、人文科学和社会科学领域的专题讨论机会。学生按自身要求选择课程，由指导教师为学生提供个性化的反馈指导。（6）高级课程。资优 LearningLinks 计划为 9 年级至 12 年级学生提供为期 9 个月的高级课程。学生按自身要求选修课程，由指导教师为学生提供个性化的反馈指导。学生也有机会通过论坛和其他在线学习工具与来自全国各地，乃至世界各地的同学进行互动。（7）AP（Advanced Placement，先修）课程。资优 LearningLinks 计划为 9 年级至 12 年级学生提供为期 9 个月的 AP 课程，学生按自身要求选修课程。（8）大学学分课程。资优 LearningLinks 计划针对 10 年级到 12 年级的学生提供大学学分课程。学生按自身要求选修课程，由指导教师为学生提供个性化的反馈指导。（9）天赋少年教育计划课程，为从幼儿园到 12 年级学生提供以计算机为基础的数学和语言艺术的课程学习机会。

四是外展活动。外展活动主要涉及年度家庭会议、教育工作者秋季会议、优才教育讲座、周六家长座谈和特殊活动，旨在让教师、学校管理者以及家长获悉优才生的特点和需求。

（1）年度家庭会议。每年夏季，西北大学天才发展中心都会主办一场研讨会，为优才生及其家长提供资讯。届时，大学教授、心理学家、学校管理人员和企业家会为家长解说有关天才儿童的需求。如 2012 年 6 月 23 日克里斯蒂·斯皮尔·纽迈斯特（Kristie Speirs Neumeister）和弗吉尼亚·伯尼（Virginia H. Burney）博士做了关于"未来机遇"的主题报告，讨论在竞争激烈的全球环境下培养学生技能的必要性。在会议期间，工作组为学前班到小学 3 年级的学生安排游戏或相关的活动，为 4 年级到 12 年级的学生提供小班课程，介绍他们最喜欢的科目以及如何更好地根据自己感兴趣的科目进行职业规划。

（2）教育工作者的秋季会议。每年秋季，西北大学天才发展中心都会召开教育工作者会议，探讨优才教育的优化模式，培养教师和管理者掌握更多的技能，为优才生提供有效的指导。

（3）星期六家长座谈会。座谈会星期六上午 9：30 开始，11：00 结束。该座谈会可以充分了解优才生家长的需求，协助家长鼓励和支持孩子发挥潜能。通过专家和相关人员针对优才主题的解说，家长可以进一步了解如何引导孩子学习以及如何选择适当的学习方法。

（4）优才教育讲座。讲座全面概述优才教育发展现状和发展趋势，主题大概包括以下几种：对优才教育的认知和消除误解；了解资优学生的智力、社会和情感特征；鉴别资优学生的过程；理解资优儿童的不同计划选择；认识各种优才教育的课程设计模式；从发展的角度应用课程设计模式；分析目前学校天赋计划的构成以及评估。

（5）特殊活动。美国西北大学天才发展中心组织和参与各种优才教育会议、家长会议以及全国教育年会等，旨在更好地服务美国中西部地区的优才青少年。美国西北大学天才发展中心还开展了杰克·肯特库克青年学者奖励计划（Jack Kent Cooke Young Scholars Program），资助资优的高中生，并为其提供申请奖学金的指导；启动了 EXCITE 项目，为成绩优异的少数民族学生支付自然科学、数学强化班的课程费用。

1.3.2 英国的优才教育

英国优才教育也发展迅速。英国政府鼓励学生在愉快的和具有创造性的环境下学习，最高程度发展学生的创造力和潜能，提高孩子的自信心，实现个人追求卓越的目标。英国的教育部规定学校要确定 10% 的学生是资优的，这样做的原因表现在几个方面：一是社会公平。不关乎性别、种族以及文化背景，每个学生都有权享受国家为其提供的学习所需求的环境，优才生也不例外。二是增强学习动机。具有包容性的课堂惠及所有学生，但对于优才生来说，还远远不够，他们需要有挑战性的活动激发他们的学习动机。三是提升的成就感。在学习任务和学习能力相契合的情况下，学生在完成任务后会有很高的成就感。四是自我实现。在教育过程中培养学生的好奇心，在探究问题的时候，发展其自我意识和独立解决问题能力。五是对未来的贡献。对学生的天赋和才华的培育关乎国家的未来，因为学生是国家经济发展和社会建设的后备力量。六是伙伴关系的建立。相关机构和家长与孩子建立伙伴关系，不断为有天赋和才华的年轻人提供互动机会和增长经验的机会。

（1）当地政府

在英国优才教育中，各地政府与学校、社区以及其他机构建立合作关系，积极为优才生发展个人潜能和发挥才智提供机会，因为学习是持续的过程，不仅包括校内还包括校外的学习。地方政府颁布和出台政策，鼓励学校召开优才教育会议、开展优才教育活动、开设相关课程等提高学生的认识；鼓励学校在优才教育过程中积极发挥学生的能动性，如创造课外的学习机会；为学校提供当地或跨地区优才教育的成功案例；对学校为优才学生创造的条件和质量进行监督。

（2）学校

在英国，从学校的角度看，有关优才教育的目标是：第一，有效确定10%的优才生并对其进行有效的监管；第二，为满足学生学习需求提供相应的优才教育；第三，了解学生的社会情感需求，并从知识的广度和深度上挑战优才生的能力，提高他们的学习兴趣并使他们最大程度发挥潜力；第四，形成鼓励成就和能力的校风。英国对于优才生的辨别主要通过三个途径：一是通过CATS、SATS、QCA考试等方式选拔优才生；二是教师通过课堂观察以及学生的具体表现识别；三是父母或他人的认可。

英国学校优才生的名册根据小学生等级年度调查（the Pupil Level Annual School Census，PLASC）的结果进行变更。学校在辨别和确定优才生之后，要登记在案，并积极为优才教育提供明确的指导方案，重视学生在某个或某些领域天赋的培养。在培养过程中，学校要尽量保证优才学生的需求得到满足，提高教学的标准，比如开展一系列的课外活动，使学生在特定领域发展特殊的才能，例如在体育、音乐、美术等领域或开展儿童大学活动。学校要有效管理教学资源，为学生提供丰富的知识习得场所。学校的管理者除了制订优才教学计划和安排课程外，还要确保整个过程的监管和评估。对优才生的辨别不能简单看学习成绩，还要综合考虑各种因素，比如社会情感因素。英国优才教育培养模式如图1-1所示。

图1-1　英国优才教育培养模式

英国学校一般按照课堂教学质量标准（CQS）和机构的质量标准（IQS）对优才生教学进行评估。前者旨在改善课堂教学实践，后者旨在改善学校的教学服务。也就是说，学校要定期对优才生进行评估，考核学生的学习进展情况，根据评估的数据为学生提供有利的学习环境，强调个性化的学习环境，确保学生设定学习目标和实现自身潜能，及时对学生进行跟踪和访谈，确定新的教学方案。

（3）教师

在英国优才教育实践中，从教师的角度看，教与学的过程实际上是接受英语进路（the english approach）的过程，对于一些母语非英语的国际学生来说，如果不克服语言障碍，天赋会因此被埋没，导致成绩不佳。此外，在教学过程中，教师要积极为优才生提供高质量的教学，同时，为了符合优才生的天赋要求，还要辅以其他教学模式，结合视觉、听觉和动觉活动，让学生在活动中寻找答案，重视课堂的激励性和参与性，确保每个学生都被照顾到。教师在教学过程中要组织有挑战性的活动，鼓励学生发挥冒险精神，大胆想象，不在乎答案对错。教师要事先征询学生喜欢的学习风格，有针对性地施教，尽可能挖掘学生的潜能，从而让一些尚未被发掘的优才生脱颖而出。在教学任务的完成质量方面，教师要积极给予学生反馈。这要求教师在备课时注意：用质疑的方式启发思维、开展开放式活动、学生团队合作、知识深化和拓展训练、及时辅导、学习评估、制订下一步工作计划。

（4）学生和家长

从学生角度看，在英国优才教育实践中，学生在优才教育训练过程中掌握学习的方法，提高对自己学习风格的认识以及语言表达的能力，学会设定目标和对结果进行评估。对于学生家长来说，通过优才教育计划，可以了解孩子在哪些方面有特长，支持孩子的学习需求。学校定期与优才生的家长见面，积极反馈学生的表现情况。但有些问题仍困扰着部分家长，如当前学校认定了 5% ～ 10% 的学生是资优的，但如果孩子转学了，新的学校是否能获悉孩子的资优特质记录？这需要学校和家长多方位沟通，因此，一些学校将优才信息上传到官网，确保学校之间信息交流畅通。

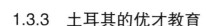

1.3.3 土耳其的优才教育

土耳其在奥斯曼帝国时期就成立了专门的特殊教育机构，其中包括优才教育机构，培养了大量的军官、行政官员、教育工作者以及艺术家。如今，土耳其有许多服务于优才生的学校、机构和教育计划（项目），如科学和艺术中心、土耳其 TEV 私立高中、Ford Otosan Beyazit 私立学校、周末特别小组（Weekend Special Groups，简称 WSG）、夏季和冬季特别小组（Summer and Winter Special Clusters）以及 NB 兴趣和能力领域发展项目（NB Interest and Ability Domains Development Program）。[①] 下面介绍其中几个。

（1）科学与艺术中心（BILSEM）

土耳其的贝科奇·多梅兹（Necate Baykoc Donmez）教授于 1994 年成立了科学和艺术中心，旨在确保中小学天才儿童和高智商儿童的教育得以有效施行，这是土耳其教育部和特殊教育咨询和指导服务总局下设的独立的专门教育机构。科学与艺术中心的学员必须经过严格的测试和评估。一旦学生被录取，可以选择两种计划：定向计划和教育支持计划。其中教育支持计划主要涉及沟通能力、外语、团队学习、社会活动、个人能力意识、科学研究技法、计算机教育、问题解决策略、学习策略、专业才能发展、项目发展。如今，土耳其已成立多家科学和艺术中心，招收了很多有天赋的中小学学生，利用学生课余时间对其进行特殊的训练。科学和艺术中心主要帮助学生解决现实生活中的问题：从现实的角度去思考日常生活的事件；找出现实问题的解决方案及提出创造性建议；找到各种商业领域

---

① BAYKOC N, UYAROGLU B, AYDEMIR D, et al., 2012. A new dimension in education of Turkish gifted children[J]. Procedia-social and behavioral sciences, 47: 2005-2009.

中的需求和问题，发展创造性思维、技法和工具；通过项目参与（包括需求分析、规划、预算准备、执行和评估）解决现实性问题；发展个人优势和特殊能力，通过结合科学思维与美学价值有效地解决问题。值得一提的是，在学生参与项目之前，教师要事先为学生介绍项目的概况，给予指导说明。另外，整个项目从选题、发展和评估的过程需要工作办、大学以及其他机构的通力合作，所以在实施的过程中可能受到工作办的指导，也可能得到专家的指导。

（2）NB 兴趣和能力领域发展项目

NB 兴趣和能力领域发展项目（NB Interest and Ability Domains Development Program）是与土耳其社会文化以及经济结构相关的特训教育项目。该项目的优势如下：一是学前教育和小学课程具有应用性或可行性；二是适用于土耳其的教育系统；三是能够很容易地整合到其他国家的课程体系中；四是项目的施行不需要额外的成本、特殊材料或额外的设备。

该项目直接面向优才少年，旨在提升孩子的能力和兴趣。①优才少年的认定。优才少年的认定主要是通过专业人士，利用科学的测试手段实现的，如从家长或教师方获得孩子发展状况的信息，包括孩子的天赋、兴趣和能力。测量孩子能力水平的方法包括发展测试、认知能力测试、NB 兴趣和能力领域问卷、儿童信息问卷。优才少年的确定主要基于其发展、能力、兴趣和需求等条件。②教育环境。确保学生在温馨祥和的教学环境中学习，注重教学素材、技法等的合理使用。③教学技法。教学技法主要强调"以孩子为中心"，也就是要鼓励孩子检索相关主题的新思想、探索新方法、探究和解决新问题。通过项目的参与，帮助学生合理转化现有知识，强化学生的团队合作能力。④测评。测评过程涉及对计划的评估、孩子的学习进展、教师和家长的反馈等。具体的问卷包括两个子问卷（对家长和教师展开调查）。测评结束后，展开计划的测评研究工作。⑤学习收获。孩子的学习收获包括：有效利用时间；与团队成员合作和分享知识；接受批判；欣然学会专业知识；学会个人或团队的检索；学习规划项目，提升语言陈述的能力；理解科学和科学研究的重要性。此外，教师也有收获，这不同于常规教育，因为合作的方式是在温馨的氛围中进行的。

（3）周末特别小组、夏季和冬季特别小组

这是在 NB 兴趣与能力领域发展项目基础上的扩展项目，旨在根据优才少年的兴趣和能力，培养他们的社会情感以及发展他们的心智力。该计划实施了 3 年，主要根据孩子的特征，将 3 到 11 岁的孩子进行分组。该项目的具体内容如下：①目标。确定优才少年的兴趣和能力，培养其语言、社会和情感等能力的发展，积极为其营造宽松的学习环境，让孩子在愉悦和宽松的环境下学习以及提升沟通能力。②组建团队。根据孩子的认知状况、兴趣和能力、社会情感和行为状况进行分组。③课程内容和项目实施。根据资优孩子的能力和兴趣，确定专门的科目和主题。在项目实施过程中，教师针对主题讲授综合性的知识，主要分两步进行：第一步要结合具体情境，利用视觉效果，让学生在无压力的情况下学习，并进一步掌握阅读技巧和检索方法。第二步要让学生学会分享和讨论知识。这是项目实施的准备阶段。在项目参与过程中，学生能够产生独特的、新颖的、富有想象力的想法，并分享知识和乐趣。④测评。测评过程类似于 NB 兴趣和能力领域发展项目，借助于某些特殊的技法，比如在这个过程中往往会使用操作记录和轶事记录。

1.3.4　俄罗斯的优才教育

19 世纪，俄罗斯帝国天文协会（Astronomic Society of Russian Empire）曾举办过"学生奥林匹克竞赛"。俄罗斯奥林匹克传统真正形成于 20 世纪

30 年代，科学院的数学家鲍里斯·德龙（Boris Delone）于 1934 年在列宁格勒（Leningrad）举办首届奥林匹克智力竞赛。1935 年在莫斯科举办第二届奥林匹克智力竞赛，共有 314 人参赛。1938 年，由莫斯科国立大学举办物理和化学奥林匹克竞赛。随着二战的爆发，奥林匹克竞赛被迫中断。二战后苏联开始重视优才教育，大力支持发展物理和数学的研究，为研究人员提供研究基地，重视新一代科学家的培养。20 世纪 50 年代末和 20 世纪 60 年代初，苏联开始重视人才能力的测试，完善奥林匹克竞赛机制，特别为有天赋的数学和工科的青少年提供相应的教育。1963 年，在苏联政府决议的影响下，莫斯科大学、列宁格勒大学、基辅大学以及新西伯利亚大学为数学和自然科学领域优秀的学生提供课程学习。在此之前，苏联已经开发了有关数学和物理的远程教育和暑期学校系统。自 1970 年开始，苏联针对学校学生，发行了专门的物理和数学杂志 *Kvant*。[①]

在对天赋、智力和遗传基因的态度方面，俄罗斯同西方国家很相似，均认为所有的人都是有天赋的，或成绩的个体差异是由环境因素或坚持不懈的个人品质所决定的，并不认为天赋是基于遗传的鲜有现象，也不认为成绩的个体差异主要由遗传因素所致。对资优学生的选拔计划主要基于创造性思维活动展开，特别针对理工科在校生。测量天赋的心理评估方法通常依赖于独立于实践或本能特征的测试。从科学的角度来看，认知能力并非从遗传的角度加以测试，而是基于创造性思维活动的结果，通过对学生的创造性思维加以评估来确定学生的天赋会相对公平。从社会敏感度的角度来看，智力测试远不如创造性思维活动测试更受欢迎。基于上述原因，俄罗斯将奥林匹克比赛视为确定优才生的有益手段。20 世纪 50 年代末，大学和科研机构重视科技人才的引进，一些顶尖大学会在当地开展数学和

---

① USHAKOV D V, 2010. Olympics of the mind as a method to identify giftedness: Soviet and Russian experience[J]. Learning and individual differences, 20(4): 337-344.

物理奥林匹克竞赛。1960 年，莫斯科国立大学开展了首届大型数学奥林匹克竞赛，邀请来自不同地方的学生参赛。1961 年，数学奥林匹克竞赛获得了国家级竞赛的头衔。1962 年，莫斯科物理技术学院举办了奥林匹克物理学竞赛，共有 6000 名学生参加。1963 年，莫斯科物理技术学院与莫斯科国立大学联合举办"欧洲物理和数学奥林匹克大赛"，在 167 个小城镇中进行了竞争选拔，最后一轮在莫斯科举行。

1962 年，科学院西伯利亚学部举办了西伯利亚奥林匹克物理学竞赛。西伯利亚暑期学校举办最后一轮奥林匹克竞赛，并以此作为西伯利亚大学专属学院的入学考试。化学是第三门奥林匹克竞赛学科。1964 年，教育部、共青团组织、中央委员会以及科学院决定成立奥林匹克智力竞赛组织委员会。1966 年到 1974 年，数学、物理学和化学奥林匹克竞赛从四个层次组织：学校、校区、地区和国家。学校获胜的选手可以参加校区奥林匹克竞赛，校区层次的获胜者可以参加地区和国家级奥林匹克竞赛。自 1967 年以来，国家级奥林匹克竞赛的获胜者无须其他考试便可进入国内顶尖大学。奥林匹克智力竞赛培养了许多资质高的儿童，确保国家人才储备始终处于世界前列。传统的奥林匹克智力竞赛涉及非常深奥的问题，要求学生能够创造性运用知识，例如 1971 年竞赛中的"研究任务"部分，要求测试者必须选择他们首次遇到的且感兴趣的问题，提出一种创造性解决问题的方案。

在俄罗斯，奥林匹克竞赛的官方地位较高，也因此推动了奥林匹克竞赛培训产业的勃兴。1991 年以后，俄罗斯优才教育系统发生了重大变化。由于苏联解体，政府对优才教育的态度发生变化，政府减弱对个人和集体目标实现（如大学招收优才生和家长对子女自我实现的动机）的支持。大学、科研机构、高中以及私立机构很少依赖于政府机构，而是自行设立了不同的奥林匹克智力竞赛题目。如今，俄罗斯有 19 个学科的奥林匹克竞赛，有 120 个俄罗斯奥林匹克智力竞赛项目，共分三大类。

　　总的来说，俄罗斯很重视为学生提供平等接受教育的机会，对于有天赋的学生来说，学校会开设特殊的课程满足这些学生的需要。从国家和个人的需求看，优才生及其家长期盼自我实现和追求个人幸福，政府期盼通过优才生的培养提高国家的综合实力。此外，对于教育资助来说，公共财政资源比较有限，而普通的学生及其家长似乎没有兴趣为优才计划投入太多财力或精力。自 1945 年来，优才教育系统发生转型，到了 20 世纪 90 年代这种转型更加明显。在此期间，政府影响力减弱，为个体和地方机构提供更多自由，使教育和需求相契合。①

1.3.5　加拿大的优才教育

　　加拿大依照相关教育法规以及政府文件，在各个省级地区推行优才教育计划，涵盖幼儿园到中小学教育。加拿大对于优才的认定方法多种多样，在一个省中被认定为优才的个体，在另外的省则不然，每个省对优才的认定程序和教育方法有差异。比如，不列颠哥伦比亚省强调教学计划的多样性，在整个省内，教学计划随着校区不同而有差异。由于对优才生的认定方法多样，并不是所有学校都能满足学生的需求。从郊区看：很多小学成立了能力挑战中心，每年为学生提供三个模块的挑战，每个模块为期九周；为中学生设计快班课程、跳级课程、高水平且具有挑战性的课程；乡村课程的设计围绕学生的兴趣和创造力。其他的省，如阿尔伯塔（Alberta）已经成立特许学校（Charter Schools），从教育模式上取代公立教育和私立教育。在这类学校中，父母在计划和决策上发挥重要作用。国家

　　① JELTOVA I，GRIGORENKO E,2005. Systemic approaches to giftedness: contributions of Russian psychology[M]// STERNBERG R J，DAVIDSON J E. Conceptions of giftedness. Cambridge: Cambridge University Press：171-186.

对优才教育的支持往往是周期性的，20 世纪 90 年代，由于学校辖区的省级预算削减以及包容性教育政策和实践的介入，优才教育的规模直接缩小了。①

（1）优才生过渡计划

学生还可以参加全日制学习计划，该类计划针对准备上大学的学生。温哥华教育局（Vancouver School Board）和加拿大英属哥伦比亚大学（the University of British Columbia）合作启动了一项优才生过渡计划（the Transition Program for Academically Gifted Students），该计划关注中学生的学习需求和教师教学的学术研究。

（2）资优孩子学会

1972 年，安大略省成立了资优儿童学会（Association for Bright Children），特别强调父母在确保省级优才教育中的关键性作用。② 阿尔伯塔省资优儿童学会（Alberta Association for Bright Children）成立于 1979 年，关注幸福家庭的资优儿童。他们通过网络，为家长、教师和学校编辑和发送信息，协调处理多种事务。1983 年，加拿大英属哥伦比亚资优儿童学会成立，在家长的努力下，该学会影响力不断扩大，多年来对优才教育的政策从教学实践到资助上均起到积极的推动作用。就其他的省来说，资优儿童学会以及家长顾问团已经成功地助推省内的教育改革。

（3）优才教育委员会及政府的角色

阿尔伯塔省的优才教育委员会（Gifted and Talented Education Council）发行了教师培训的文件，并出版《阿尔伯塔省教师协会天才教育委员会

① LUPART J L, PYRYT M C, WATSON S L, et al.,2005. Gifted education and counselling in Canada[J]. International journal for the advancement of counselling, 27(2): 173-190.

② MATTHEWS D J, SMYTH E M，2000.Gifted learners in Ontario enter the new millennium: common sense style? [J].Alberta gifted and talented education,14(2):53-59.

期刊》(*the Journal of the Gifted and Talented Education Council of the Alberta Teachers' Association*)，这是加拿大唯一的优才教育期刊。政府出版的一些出版物对优才教育也产生了影响，如马尼托巴省的《新方向：行动蓝图》(*New Directions: A Blueprint for Action*) 提供了新的教学方案，强调了对数字、文字、思想等的概念、联系的理解、欣赏和运用。[①]2000 年 7 月，阿尔伯塔省增添了新的教学计划，针对有天赋和才能的学生进行教育，相关机构积极为教学计划的落实和执行提供现实策略，探讨天赋概念以及有天赋学生和资优学生的认定标准，着重关注视觉和表演艺术的天赋。

（4）特殊文化环境下的优才教育

努纳武特新区成立后，政府加大教育改革，特别是考虑文化视域下课程发展的特殊性，满足因纽特人的特殊教育需求。[②]因纽特文化涉及信仰、价值观、世界观、语言、社会组织、知识、生活技能、知觉和期盼。从教育的角度看，促进和振兴因纽特文化、语言等对发展双语教学和培养健康的青少年人格至关重要。所有的因纽特青少年在长辈看来，均有分享和贡献于社会发展的天赋。这样看来，学生不仅要学习文化的表层知识，还要深层次地理解和实践，以提升在社会建设方面的资质。

（5）大学优才教育研究

在优才教育上，大学也发挥着重要作用。1988 年，加拿大卡尔加里大学成立了优才教育研究所。该研究所的核心目标在于提升阿尔伯塔省的优才教育水平，为教师开展进修培训，针对优才生的认知和情感需求提供

---

① PETERSON J S, 2003. Listening: resisting the urge to fix them[M]// MCCLUSKEY K，MAYSA M.Mentoring for talent development. Lennox, SD: Reclaiming Youth International:126-142.

② DEMERCHANT D M，TAGALIK S，2000. Building Inuit Qaujimajatuqangit schools in Nunavut[J]. Agate, 14(2)：98.

直接服务，加强研究学会之间的合作。1994 年，加拿大新不伦瑞克省蒙克顿大学教育学部进行了改革。首先，将学部的重心转向资源教学的硕士和特殊计划的基本课程。其次，将教育心理学和小学教育整合，设置新的课程。最后，提出"面向实际教学"的宗旨，包括 8 个元素：每个学习者的独特性、受欢迎和归属感、意识和承诺、参与和自治、最大限度地学习、合作、整合与反思、包容性。

总之，加拿大优才生教研和咨询计划是多样的，因为每个省均实施不同的法案和政策。这种多样性带来了不同的研究方法，面向多个层次：优才生的认定和教育方法的广泛性；家长和教师在教育计划发展中的积极影响；大学在优才教育框架中的角色。由于加拿大学校的优才教育和咨询缺乏统一的方向，多种支持资源应运而生，如高质量的大学计划等，各个省也尝试在优才教育领域建立网络关系和知识分享库，如卡尔加里大学优才教育研究所在推动相关领域的学术发展和经验上起到带头作用。特别地，许多加拿大学者致力于优才教育和咨询领域的研究并取得丰富的学术成果。

1.3.6　其他国家和地区的优才教育概况

（1）日本

日本的优才教育相对滞后，这一定程度上归因于日本浓厚的文化潜流，即成功源于勤奋和努力而非与生俱来的能力。2010 年 4 月，日本《每日新闻》的一篇文章注意到横滨市科学前沿高中（Yokohama City Science Frontier High School）的生命科学体验式学习创新。

如果将日本和其他亚洲国家在优才教育方面的尝试做比较，那么结论是：长期以来，优才教育很少受到日本政府的资助。日本文部科学省

（MEXT）强调大部分学校必须遵循 MEXT 课程大纲要求（对于公立学校来说是强制的），学校老师不能对资质很高的学生进行单独训练。日本没有专门成立"优才学校"。不过，日本也有个性化强的教育实践学校范例，包括 MEXT 所指定的学校，如超级科学高中（Super Science High School）、京都市堀川高中（Kyoto Municipal Horikawa Senior High School）。2002 年，MEXT 进行改革，尝试借助个性化教育平衡机械化学习，不过，教育部仍然强调了升学考试的重要意义。

由于许多私立学校有向精英学校输送毕业生的"关系"，私立小学的入学竞争十分激烈。私立小学的入学测试是围绕学生天赋展开的，同时还包括与学生家长的访谈。

从初中上看，私立学校课程体系的设计为学生升高中乃至之后读名牌大学服务，所以会帮助学生建构以科学为基础的知识体系。在日本升学考试竞争激烈的大环境下，数亿美元规模的"考试产业"兴起了。

从高中上看，学生高考压力非常大（每年春季，在 3 月的高考之前，很多学生或家长去祈福），所以课程内容服务于高考（日本采用大学自主招生考试，不像美国进行全国统一的大学入学考试）。如上所述，日本成立了超级科学高中，只是数量太少，因此只影响到极小部分的学生。

日本文部科学省科技厅启动的超级科学高中计划，主要针对成绩下降以及对数学和自然科学兴趣不浓的学生，为指定高中的自然科学和数学教育提供额外的资助，建立起与高校之间的联系。2007 年，为了支持自然科学教育，由日本文部科学省组建的政府工作队探索了国家教育体系改革的可能性。2010 年，政府工作队发布的报告表明日本需要建立国家优才教育系统，因此超级科学高中计划出台。同年，日本成立了 126 所超级科学高中。

日本公立小学本身没有排名，当学生升入初、高中时，会根据其升入大学的成功率对其进行分级。私立学校在学费的驱动下会提供许多资源，包括强化班，而这是公立学校无法企及的。松本认为，根据学校师资以及特殊教育的实际，日本发展了优才教育体系。由于日本优才教育计划较少，所以日本学生在解决问题的创造力发展方面较弱（如存在"条条框框"思维），并带有对"精英主义"的文化偏见。松本得出的结论是，日本优才教育体系的进展仍不显著。日本正尝试施行综合性的国家政策，发展人力资本，旨在支持 21 世纪全球竞争下的国家创新体系建设。①

由于在日本优才教育是新兴领域，日本有关优才教育的学术研究主要关注其他国家的研究，如中国和韩国。

（2）中国台湾地区

1962 年，为了使学生接受的教育与自身的能力水平相符合，台湾地区"关于教育第四次会议"提出了优才教育的原则。同时，台湾地区发展了优才生的筛选法。最初，优才生的认定是在学校老师和家长的配合下借助 IQ 测试进行的。如果学生 IQ 测试成绩在 130 分以上，则被视为是有天赋的，可以连跳两级。

台湾地区有关"天赋"概念的范围久而久之被逐渐放宽，比如，"特殊教育法"的第 4、28、29 条表明，天赋的概念经过延伸后涉及六大领域中有潜力和杰出的成就，六大领域包括：智力、学术特征、艺术、创新能力、领导力及其他专长。台湾地区的优才教育借助三种方式施行，即强化、速成以及分组：强化包括课程扩展，拔高教学以及开展

---

① MATSUMOTO N,2007. Giftedness in the culture of Japan[M]//PHILLIPSON S N, MCCANN M.Conception of giftedness: socio-cultural perspectives. Mahwah, NJ: Lawrence Erlbaum Association：345-372.

更多的学习活动；速成包括提前进入更高水平的学校、缩短上课时间、跳级以及免考（如高考）；分组包括以特殊能力为基础的班级和以资源课堂（是指优才生被分到特殊的班级，他们能够学习多样化的资料和使用多样化的设备）为基础的教学。根据1984年出台的"特殊教育法"，优才生被安排到三大类班级接受特殊指导。

早些年，台湾地区的优才生被集中到特殊班接受教育。1979年台北中小学开设了优才生的分散班，从而取代集中班，这意味着优才生被分散到四或五个班级，会根据他们在不同学科（语文、英文、数学以及物理）的能力进行分组，课程内容安排依据学生对学科的学习能力进行。教学评估结果证明，优才生从分散班级中获益匪浅，他们在跨学科领域的学习中提升了创造性思维能力。

（3）韩国

2008年，韩国大约5万名中小学生接受了优才教育。同其他亚洲国家和地区相比，韩国优才教育的发展比较缓慢。1983年科学高中的成立标志着韩国教育部对特殊教育的首次支持。1995年，韩国政府引入了速成学习体系，包括提早入小学、跳级、提前毕业。1997年，国际竞赛（自然科学和数学奥林匹克竞赛）的优胜者被给了特别照顾，能够直升大学。20世纪80年代和90年代重点关注的是跳级，而不是对同一年级学习内容的拔高。1997年，受亚洲经济危机影响，韩国的优才教育获得发展。韩国政府意识到国家人力资本的欠缺，在2000年制定了《新优才教育法》，并在2002年3月施行。根据该法案，优才教育通过三个渠道实施：优才高中，优才教育研究所（针对中小学学生）——大学和教育委员会的分班教学计划，资优课堂——普通学校的拔高计划。在科技部的资助下，韩国部分大学下设优才教育研究中心，针对数学和自然科学，提供丰富的

教学方案。^①

优才教育主要围绕三个步骤施行：选拔学生、教育和再选拔评估。在韩国，认定优才学生的方式多样，但是有两个通用标准：经过多步骤的评估过程，以及根据数学创造力和数学分析能力进行评估。科学高中的学生录取是由学生数学、自然科学的成绩（水平测试或理科奥林匹克成绩）以及口语测试成绩所决定的。2001 年成立的釜山科学高中是韩国第一所优才教育学校。学生入学选拔共包括三个阶段：首先，要根据学生的数学和理科考试成绩进行筛选，或根据在国际或国家理科和数学竞赛中的成绩进行录取。其次，评估学生创造性地解决数学和理科问题的能力。最后，进行为期 4 天的训练营考核。学生要展示出他们提出问题、设计实验、收集数据以及得出结论的能力，并且要与观众进行口头交流。2005 年，韩国实施了针对经济状况不佳等情况的优才生的教育计划。与申请进入优才教育研究所或优才生班级的学生不同，这些学生是经过严格的批判性思维测试然后被录取的（而不是以科目考试为导向）。2009 年，韩国出台的《中小学教育法》（Primary and Middle School Education Act）和《优才教育法》（Gifted Education Act）推动了施行优才教育的高中的成立。

（4）新加坡

20 世纪 60 年代，新加坡的发展情况像是"一潭死水"，缺乏基础设施建设。新加坡的劳动力水平不高，经济也没有同世界接轨。如今，新加坡是人才圣地，已经成为高新技术或生物技术研发和制造中心，许多全球性企业在此设立分公司，如百特（Baxter）、美敦力（Medtronic）和西门子（Siemens）等。

---

① PARK K,2009. Gifted education in Korea[M].Seoul:Hongik University:74.

1981 年，新加坡教育部部长在其他国家开展了优才教育计划的研究工作。此研究证实了新加坡启动优才教育计划的迫切性——新加坡是个小国，人力资源有限，需要更多的人力资源促进国家未来繁荣发展。1984 年，新加坡教育部在两所小学——莱佛士女子小学（Raffles Girls' Primary School）和罗塞斯学校（Rosyth School），以及两所中学——莱佛士女子中学（Raffles Girls' Secondary School）和莱佛士书院（Raffles Institution）启动了试点项目，该项目成为新加坡"优才教育计划"施行的基础。

新加坡考试成绩排在前 10% 的学生才有资格进行第二轮测试，通过第二轮测试后，才会被认定为合格的优才生。教育部通过四个指标认定特别资优的学生，即心理报告、成绩和天赋水平测试分数、孩子表现样本、教师的推荐。优才儿童的培育方式较多，涉及强化班（提升学生学习内容的深度和广度）、学生自定进程、在线课程（高出同年级水平）、导师指导（在特定领域为学生安排导师，提供高水平的培训和指导）、快班（在特定的学科中，学生学习高年级的课程）、小学提前入学（5 岁）以及跳级（跳 4 个年级）。根据新加坡教育部的统计，2009 年新加坡大学预科班儿童人数是 521594 人。在人口正常分布的情况下，每 10 万名儿童中有 3 名是特别有天赋的。据此估计，2009 年新加坡特别有天赋的儿童人数约为 16 人。

在优才教育方面，新加坡是值得其他亚洲国家学习的。几十年来，新加坡的国家政策（在吸引外商直接投资的同时，优化基础设施和人力资本投资）有利于推动优才计划的开展。新加坡政府将优才教育政策延伸到对其他国家最资优学生的吸引，比如由新加坡科学技术研究厅资助的"古比鱼到鲸鱼（Guppies to Whales）计划"，资助本土或其他国家在数学和自然科学领域有天赋的中小学生直至博士阶段的学习。为了提高新加坡长期引

进人才的效率，政府鼓励国外学生接受新加坡的公民身份，要求他们毕业后与新加坡签订至少三年的工作合同。①

（5）澳大利亚

澳大利亚小学和中学往往将优才生的比重认定为同龄人中的前10%。与其他同龄人相比，优才生显示出不同的特征，包括学得更快，寻求更大的挑战，探索更广的感兴趣的领域，充满激情地工作和学习，偏好独立工作，高度敏感，更强的正义感，领悟能力强，以及独到的见解。澳大利亚义务教育阶段要求对优才生进行课程上的区分。②优才生进入大学后，在大一的时候，就会发现有越来越多的机会施展自身多样化的能力，这种多样化能力反映出澳大利亚高等教育系统的变革。③此外，澳大利亚政府致力于提高大学入学率，让40%的澳大利亚青年人（25岁到34岁）拿到学士学位。在大学阶段，澳大利亚对学生特别强调几个方面：（1）成功完成第一年所有课程；（2）继续第二年的学习注册；（3）发展高层次的知识技能，具有批判性思维，能够解决问题以及反思提升。④澳大利亚政府同时对大学退学率保持关注。⑤澳大利亚一项研究显示，工科学生辍学的原因有四个：第一，没有预想好学术

① NEIHART M，TAN L S, 2016. Gifted education in Singapore[M]// Dai Y D, Kuo C C.A critical assessment of gifted education in Asia: problems and prospects. New York: Information Age Publishing:77-96.

② WALSH R L, JOLLY J L, 2018. Gifted education in the Australian context[J]. Gifted child today, 41(2): 81-88.

③ PLUNKETT M, KRONBORG L, 2007. Gifted education in Australia: a story of striving for balance[J]. Gifted education international, 23(1): 72-83.

④ UPCRAFT M L, GARDNER J N，BAREFOOT B O, 2005. Challenging and supporting the first-year student: a handbook for improving the first year of college [M]. San Francisco: Jossey-Bass:86.

⑤ SLATER E, 2018. The identification of gifted children in Australia: the importance of policy[J]. Talents, 30: 1-16.

计划；第二，去大学浪费时间；第三，缺少兴趣或不喜欢课程内容；第四，缺少指导方案。[①]

澳大利亚大学生优才教育不像中小学那样明确地区分课程。一般来说，大学生都是能力较强的个体，但一些大学优才生仍有进一步接受挑战的期望。澳大利亚教育部呼吁高等教育需要从课程体系和支持机制进行变革。据此，澳大利亚开始实施高校工科教育计划，提升学生的学习能力。首先，启动了本科生的工程计划，鼓励本科教育的创新。美国麻省理工学院（MIT）曾推行"MIT工程领袖计划"以发展学生在工程领域的潜能。[②]澳大利亚也启动了类似的计划，如"莫纳什大学工程领袖计划"（Monash University Engineering Leadership Programme），鼓励学生积极参与以获得课堂之外的领导技能。[③]格里菲斯大学（Griffith University）启动了针对优才生的"格里菲斯学院奖励计划"，旨在提升优才生的领导力、团队精神、整体意识以及研发和产业技能水平。[④]美国一些高校启动的"荣誉计划"（Honours Programmes）主要是为学习成绩好的学生安排额外的课外活动和其他

[①] GODFREY E, AUBREY T，KING R，2010. Who leaves and who stays? Retention and attrition in engineering education[J]. Engineering education: journal of the higher education academy engineering subject centre, 5(2): 26-40.

[②] FLOREZ W A, 2019. Embodying engineering leadership: learning from the implementation of the engineering leadership program[J]. Kybernetes, 48(7): 1547-1562.

[③] KHATTAK H, KU H, GOH S, 2012. Courses for teaching leadership capacity in professional engineering degrees in Australia and Europe[J]. European journal of engineering education, 37(3): 279-296.

[④] WINTER A, MENZIES V, HILL J, et al., 2022. Involving undergraduate students in genuine research: a case study of the Griffith University Honours College[M]// Harper G. Honors education around the world. United Kingdom:Cambridge Scholars Publishing: 40-59.

可选择的高水平活动。澳大利亚学习成绩好的学生在拿到学位后再学习一年，可以获得一种称为"end on"的殊荣。此外，还有"加速通道计划"（Accelerated Pathway Programme），成绩好的工科学生可以提前一年拿到工学学士学位。①南澳大学也启动了快班课程计划，允许学生利用假期时间继续上课，可以提前一年完成学业。由于课程的灵活性，澳大利亚高校大一的学生可能是跳级生，因为他们在高中就修完了大一的课程学分。莫道克大学启动了"领先优势计划"（Head Start），该计划是针对学生的快班计划。西澳大学从 2012 年开始，每年为入学成绩 98 分以上的 30 名学生提供哲学学士学位。在澳大利亚国立大学，高考成绩为 99 分及以上的学生有资格获得工程学学士学位。②总之，澳大利亚高校优才教育计划丰富多彩，工科学生可以按需选择，特别是一些领导计划、荣誉学院计划、快班、挑战性课程等对学生能力的培养起到一定的积极作用。

（6）菲律宾

1963 年，菲律宾总统迪奥斯达多·马卡帕加尔（Diosdado Macapagal）签署了《共和国 3661 法案》，旨在建立菲律宾科学高中系统（PSHS）。与此同时，菲律宾政府认识到优才生培养的重要性，在 1964 年修建了 PSHS 主校区，直至 20 世纪 80 年代末，首个分校区建成。到目前为止，PSHS 系统有一个主校区和 9 个区域校区。每年，大概 17000 名小学生参加入学考试，其中主校区要录取 240 名学生，每个分校区要录取 90 名

① JAGGARS S S, HODARA M, CHO S W, et al., 2015. Three accelerated developmental education programs: features, student outcomes, and implications[J]. Community college review, 43(1): 3-26.

② WARREN K, 2006. Postgraduate veterinary training in conservation medicine: an interdisciplinary program at Murdoch University, Australia[J]. Ecohealth, 3(1): 57-65.

学生。[①]20世纪70年代，随着对科学人才发展重视度的加大，菲律宾成立了马尼拉科学高级中学，其他科学高级中学也相继成立。1994年，地区公立科学高中根据政府的指令再次建立起来，11所地区公立科学高中相继成立。这些公立科学高中成立的目标是向自然科学的高级中学转变，而非成立新学校。1977年，菲律宾艺术高级中学成立，招收各种优才生。随后数十年来，私立学校也启动了优才教育计划，强调科学和数学天赋发展。

米里亚姆学院附属高中（Miriam College High School, 简称MCHS）的优才计划曾是菲律宾重要的优才计划之一。米里亚姆学院附属高中是一所女子学校，位于奎松市，仅招收女学生。从1989年开始，该校实施优才教学计划，针对三年级和四年级的学生开设优才班。该校对优才生的认定很大程度上取决于学生的考试成绩和老师的推荐。

MCHS优才计划中包括"数学—科学班"，安排数学和科学的不同课程内容。在学习的过程中，教师除了讲解数学、科学知识之外，还可以讲解其他学科知识，可按需改变教学内容，因为在这两大学科中表现优秀的学生很可能在其他学科中也优秀。一些青少年能够提前2年学会主干课程，教师可以对他们进行拔高训练，使其更深层次地把握课程内容。第三年，这些优才生将完成一项科学研究项目。该校还施行了"数学追踪计划"。该计划主要针对那些即将进入3年级和4年级的学生，为其学习数学和科学打下基础。该计划选拔数学上有高天赋的学生，使其进入被称为"数学A班"的数学强化班。成功的优

① BELARDO F C, SUMIDA M, 2010. Developing a program for students with high ability in mathematics and science: balancing the socio-emotional and intellectual needs in a philippine setting[J].Institutional repository: the EHIME area, 57:139-146.

才教学计划使学生自身有了课程内容的自主选择权、课堂的自主发言权，使学生自身的个性得到尊重和彰显，较大程度地提升了学生学习的成效。

2

优才教育的
基本概念厘析

优才教育既是一种研究领域，也是一种实践领域，其关注的是智力超常以及在某些领域有着特殊天赋的学生。对于这些学生而言，一般的教学进度和教学内容很难满足他们的求知欲，甚至由于教学方式的失当，还可能导致其辍学，因此这类学生需要教育界的特殊关注。然而，优才教育研究涉及很多概念，比如天赋、才能、智能、优才生等，在运用过程中往往会产生混淆，因此将这些概念加以厘定，将有助于构建国际优才教育研究的理论框架。

2.1 天赋、才能、智力、IQ 测试的界定

假设有一个 9 岁的小学生，名叫小赵，IQ 值是 135，如果从 IQ 测试角度界定天赋，那么这个 9 岁孩子是有天赋的。但小赵的朋友很少，他不善于交往，又没有兴趣爱好可言，也不参与课外活动，尽管他的智商很高，但不是很棒的学生。假设还有一个 9 岁的小学生，叫小李，跟小赵是同一学校的，他的 IQ 值是 120，如果从 IQ 测试角度界定天赋，那么他也是有天赋的。小李非常积极地参加体育运动，是学校最好的足球运动员，同时也是一个非常有才华的长号手，在学校无人能及，他的老师建议他将来朝着音乐的方向发展。小李在学校是非常受欢迎的，并且成绩总是班级的前三名。小赵和小李谁有天赋？两者皆是，或者两者都不是？何为天赋？何为才能？

为了回答此问题，我们需要特别厘清"天赋"的四个维度：第一，"天赋"就是一个标签而已。我们经常被问到"某某孩子是否有天赋"，答案取决于一个人设定的标准，没有一个绝对的标准或一套"正确"的标准。第二，这个标签可能被限定在一般的或特殊的模式中。从一般的模式来看，在多个领域中，个体相对有天赋，所以这个天赋是比较宽泛的。从特殊的模式来看，天赋被限定到一个或几个领域中。第三，"天赋"的概念能够随着时间的推移和地点的变化而变化。在过去，西方国家的孩子如果能迅速学习古典希腊文和拉丁文，可能被视为有天赋的。如今，这种能力相对较少被重视。第四，天赋要么基于显性的理论，要么基于隐性的观念。

2.1.1　有关"天赋"和"才能"的定义

1869 年，国际优才教育研究的奠基人之一、英国心理学家高尔顿（Francis Galton）在《遗传的天才》（*Hereditary Genius*）书中用"genius"这个词意指赋予人类高层次的能力。书中出现了"superior faculties"这个词组，指高天赋、高能力、高智力等，这和我们今天所称的"intelligence"相似。[①] 在高尔顿看来，杰出的人要么进行纯粹的原创工作，要么是思想的领袖。他倡导一种进化观，认为人的思想发展经历了优胜劣汰的选择过程，但一个人的杰出的能力是遗传的。这种先天的能力与人的智力和性情有关。如今我们将这些智力上有天赋的个体称为"天才"，而高尔顿在说这种"杰出的人"时，实际上强调的是这类人与生俱来的较高的心智力。

在优才教育领域中，之所以说一个人是有天赋的或是天才的，是因为这个人具备超乎常人或同龄人的能力。提及"天赋"（giftedness）和"才能"（talent），很多人将其混合使用，很少有人指出它们之间的区别。据此，加拿大魁北克大学蒙特利尔分校的加涅教授认为，两者的区别在于天赋强调天生的能力，而才能强调的是发展的能力。也就是说，天赋对应于潜力、能力和天生的能力，而才能往往对应于个体的成绩和发展技能。在此基础上，他建立了天赋和才能关系的理论模型，假定天赋和才能之间有直接的因果关系，认为如果没有天赋的话，个人很难实现才能。加涅界定了这个模型的六个维度，并将其划分为两大类：第一类是通过学习和实践，将超常的天赋转变为高水平的才能。先天的能力可以通过学生完成任务的情况来判断，如阅读、口语练习、解决问题、运动、学习乐器等。第二类是由机会、环境因素、心理因素等构成，可以从一个人才能产生的因

---

① GALTON F, 1979. Hereditary genius (1869)[M]. London:Julian:3.

果关系角度加以验证。① 这个模型能够很好地应用于咨询师对天才青少年的情感咨询中，从而有利于这些天才青少年才能的发挥。

2.1.2 智力和 IQ 测试

高尔顿虽然谈及了人所具有的"高智力"和"心智力"，但没有提及人的心智力测试。数年后，IQ 测试开启了心智力测试的大门。1908 年，法国学者阿尔弗雷德·比奈（Alfred Binet）发展了 IQ 测试，以此发现需要特助的学生，从而使学校课程内容符合其学习需求。② 比奈的 IQ 测试由易到难，包含了简单的身体协调活动、比较两条线的长度、考查词语的定义、记忆语句、用几个给定的词造句、区分两个抽象的词语等考题，针对不同的年龄段（包括成年人），"心智年龄"等术语也被引入进来。1916 年，斯坦福大学的刘易斯·推孟（Lewis Terman）延伸和发展了英文版本的比奈 IQ 测试，相关测试量表主要用来确定低能人。③

推孟除了发展 IQ 测试外，还考察了在 IQ 测试中成绩较高的被试。他对 1500 名资优者（被试年龄是 3 到 28 岁，且 IQ 大多数超过了 135）进行考察，总结了高智商人群的特征。推孟通过《天才的遗传研究》（*Genetic Studies of Genius*）［该书后更名为《天赋研究》（*Study of the Gifted*）］探索高智商儿童的天赋与他们的教育、专业、心理以及生理发展的关系。与此同时，美国心理学家利塔·霍林沃斯（Leta Hollingworth）也转向了高智商人群的研究，关注有天赋的儿童的教育，对学生的特殊课程安排给予关

---

① GAGNE F, 1995. From giftedness to talent: a developmental model and its impact on the language of the field[J]. Roeper review, 18:103-111.

② SIEGLER R S, 1992. The other Alfred Binet[J]. Developmental psychology, 28(2): 179.

③ TERMAN L M,1926. Genetic studies of genius[M]. Stanford, Calif: Stanford University Press:132.

注，并给出有关教师种类、教学风格以及针对有天赋的学生的课程安排的建议。霍林沃斯用"有天赋的儿童"这个术语描述了智商测试分数偏高的学生，并完善了他对智力天赋的定义，也就是青少年中只有1%的人算是最聪慧的或IQ测试分数高于130的。[①]推孟和霍林沃斯还用"天赋"这个词描述有高智商的人群，用天才理论阐述艺术方面的能力。

早期心理学家通过IQ测试来解释一个人的智商，认为智商往往是个人的整体能力，因此能够根据智商来给人划分等级。[②]1904年，英国心理学家查尔斯·斯皮尔曼（Charles Spearman）指出智商应该被表述为两个部分：普适因子（G）和特殊因子（S）。普适因子是不变的，在所有相关能力上，任何个体都恒定不变；特殊因子是可变的。[③]斯皮尔曼提到的"G"指的是整体或一般的智力或心智力。早期的IQ测试往往强调的是"G"而非"S"，给出一个单一分数便称作整体的IQ。

后来，心理学家发现，智商过于复杂，所以不能简单地用"G"来描述。美国心理学家瑟斯顿（Louis L. Thurstone）通过因子分析考察了240名大学生的智力，他的最初分析揭示了12个因子是显著的，并总结了9种主要的心智力。[④]5年后，约翰·卡罗尔（John Carroll）用因子分析确定了80种心智力，并归纳成三阶层理论（three-stratum theory），认为在认知能力上存在大量的个体差异，并且这些差异可以通过这三个不同层次的归

---

① HOLLINGWORTH L S,1927. Gifted children: their nature and nurture[M]. Norwood, MA: Norwood Press:82.

② SILVERMAN L K, 2009. The measurement of giftedness[M]// SHAVININA L V.International handbook on giftedness . Amsterdam: Springer Science:470-947.

③ SPEARMAN C,1927.The abilities of man: their nature and measurement[M].London: Macmillan and Co, Ltd.：121.

④ THURSTONE L L,1938. Primary mental abilities[M].Chicago: the University of Chicago Press.

属来推断出来：层次 1（Stratum Ⅰ）——"有限（narrow）能力"；层次 2（Stratum Ⅱ）——"广泛（broad）能力"；层次 3（Stratum Ⅲ）——"一般（general）能力"。① 卡罗尔区分了 Stratum Ⅰ 中的 70 种有限能力，确定了认知活动，如阅读理解、空间关系和推理快慢。这些认知活动易于操作、可直接评估。Stratum Ⅰ 的有限能力合起来构成 8 个 Stratum Ⅱ 的广泛能力。广泛能力契合了美国心理学家霍华德·加德纳（Howard Gardner）的多智力理论，该理论认为智力的存在方式不止一种。在 Stratum Ⅱ 中，认知能力包括流动智力（fluid intelligence, 即一个人通过新的材料和过程进行归纳演绎和推理）、固定智力（crystallized intelligence，即一个人通过熟悉的材料和过程来获得知识和学习技能）、一般的记忆和学习、广泛的视知觉、广泛的声音知觉、广泛的恢复能力、广泛的认知速度和处理速度。Stratum Ⅲ 是一般的因素，即一般智力。卡罗尔建议将人类认知能力归为三个层次，勾勒人类认知能力的图谱，并提议建构一种理解和发展智力的理论框架。②

之后，美国心理学家吉尔福特（J. P. Guilford）借助因子分析考察更为广泛的人群。他建立了智力模型，将 120 个假定的智力能力或功能归为三大类，对 8000 多名美国空军、海岸警卫队以及海事人员和高中生进行了测试分析。他认为，对一个人智力的了解，需要大量的分数测试。③

① CARROLL J B, 2005. The three-stratum theory of cognitive abilities[M]// FLANAGAN D P ,HARRISON P L.Contemporary intellectual assessment: theories, tests, and issues. New York: the Guildford Press:69-76.

② WILLIS J O, DUMONT R，KAUFMAN A S, 2011.Factor-analytic models of intelligence[M]//STERNBERG R J，KAUFMAN S B.The Cambridge handbook of intelligence. Cambridge: Cambridge University Press:39-57.

③ GUILFORD J P,1972. Thurstone's primary mental abilities and structure-of-intellect abilities[J]. Psychological bulletin, 22(2): 129-143.

2.1.3 能力与学习环境

1. 能力

在特殊情况下，人类具有十种不同能力：社会、情感、身体（触摸、运动和品尝）、视觉或空间、声音、数学或符号、语言、机械或技术、科学和精神，如表 2-1 所示。人类具有广泛的能力和相关的特质，能借助很多不同的方式解决问题，应对挑战。不过，大多数活动和职业仅对应两个或三个主导性的能力。

表 2-1　人类的十种能力及其含义

能力	含义
社会能力	和其他人相处的能力
情感能力	控制情绪的能力
数学或符号能力	对数字、数学图形、抽象思维等的运用能力
身体能力	包括大小范围肌肉运动能力，如触、尝和闻
视觉或空间能力	能够准确观察事物，包括用身体器官（如眼睛）以及心灵感受对象的能力
声音能力	听、产生和操控声音的能力
语言能力	使用词汇的技能
机械或技术能力	理解、创造和修理机器或操作帮助人类完成工作的设备的技能
科学能力	观察、认定、描述、分类、研究以及解释自然现象的能力
精神能力	理解人类心灵或与精神有关的现象和意识的能力

学生不仅要在学校学习知识，更重要的是提升学习的能力。因此，教育工作者不能仅重视让学生学习知识而忽视了对其能力的培养。比如对于低年级的学生，教师可以将传统的学科信息同学生的能力结合起来，使学生懂得个体、变化、关系、周期、环境等的含义。到了中年级（3到5年

级），学生要懂得矛盾、沟通、合作、互动以及结构的含义。到了 6 到 8 年级，学生要理解文化、灭绝、探索、多样化以及系统的概念。到了 9 到 12 年级，学生要能够探索伦理、美丽、和谐以及独立性的概念。

2. 学习环境和学习过程

学习环境有两个重要组成部分：物理的和动态的。物理环境包括颜色、形状、温度、光、音、纹理和材料，还包括建筑、大树以及其他自然物，当然也包括座位安排、墙上贴的板报等。动态环境包括教学方法和过程，以及教师与孩子的互动。教师组织过程、奖励和惩罚的方法以及课堂管理技巧也属于动态环境的部分。

学习过程包括观察、感受、联系、解码、记忆、想象、创作、复制、象征、翻译、发展、明确、转化、聆听、搜寻、反思、感知、享受、生产、探索、参与以及发明等，有些是意识性的，而有些是无意识性的，如果用"树"来解释学习过程，则对应于树的根（潜意识）和分支（意识）。有些意识在表面之上，有些意识在表面之下，所有意识对"树"的成长和发展来说都是必要的。学习过程也包括了问题解决过程以及迎接生命的挑战。当人类面对重要的挑战时，会经过一系列的步骤（潜意识或无意识），选择方法，从而解决问题。孩子和成年人能够从复杂问题的解决当中受益。在社会环境下积极思考，思考的过程就像一个有八个轮辐的"轮子"在前进，八个轮辐为搜集 / 组织、确定、产生、决定、执行、评估、交流以及从经验中学习。在这个过程中，人们需要重温某些步骤，以获得问题解决的经验，成为更好的问题解决者。

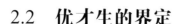

2.2 优才生的界定

2.2.1 何为优才生

何为优才？纵观国际优才教育研究，出现较多的词语有：资优、才华、能干和通才。资优往往指学生的学习能力超出同龄水平。才华往往指在特殊领域的天赋，如在音乐、戏剧、体育、数学等领域的天赋。能干往往指学生在学科领域中的成绩高出一般水平。通才往往指既是资优的又是天才的学生。本研究中论及的"优才"是对上述四个词语的综合，指资质高且能力水平也高的学生。

在优才教育中，优才是体现个体差异的一种现象，从个人的发展过程和路径看，有着不可预见性，因为青少年在发展过程中对事物的感知和反应有差异。对于教师和家长来说，一般的教学原则和方法未必适用所有的学生，比如在学校学习期间的优才生。家长往往会陷入困惑，他们会思考优才生同其他学生有怎样的差异，优才生需要些什么？假设我的另一个孩子没有天赋，尽管他和哥哥一样聪明，那我该怎么做？教师也会思考有天赋的学生与其他学生有怎样的不同，如果优才生没有完成所有学习任务，那么还能算是有天赋的吗？在课堂上，该怎么对待优才生？如果课堂上大部分学生智力一般甚至偏低，只有两个学生是有天赋的，如何为每个学生设计合理的教学计划？如何帮助某些孩子提升他们的社交技能？因为优才生能够应对更多的挑战，所以是否要更关心一直努力学习但却不太聪明的学生呢？对于学生来说，他们也在思考有天赋的学生究竟有怎样的特别之处，不懂数学题，那是否意味着没天赋？为何每个人一直对我期望那么高？我想成为优才生吗？当别人让我变得有天赋时，我不觉得很尴尬吗？我想与其他人不同吗？由此看来，优才教育应该充分理解优才生的心理状态，思考个体的差异，以此为基础考虑家庭、学校以及其他环境等各种因素的影响，开发他们的潜力，为他们提供最可能的帮助，给予他们更多鼓励和挑战。不过，我们首先要对优才生和聪慧学生加以区分。

2.2.2 判定优才生的依据

1988 年，澳大利亚资优儿童教育参议院委员会（the Australian Senate Select Committee on the Education of Gifted and Talented Children）建议联邦政府要为澳大利亚优才儿童提供特殊的教育。如今，澳大利亚已经出台了有关优才教育的政策和规定，如新南威尔士州优才政策指出：为了提升所有公立学校的学生学习质量，政府要发现有天赋的资优学生，学校有责任通过有效的和公平的程序发展相应的教育计划。①

认定孩子的天赋才能，意味着发掘未来潜在的杰出科学家、作家、管理者、运动员、工程师以及音乐家。那么如何测试孩子的资优特质呢？测量认知能力是一种可能。认知能力是完成科研工作的必备能力。不过，科学领域上的天赋不仅要从智力评估的角度加以确定，还需要从能力评估的角度加以确定。除此之外，也有学者认为通过对学生现实活动的分析能够预测学生在一些领域的才能，如音乐领域。

大多数父母都会认为自己的孩子在某些方面是有天赋的。据此，学校可能会让父母完成一份调查表，从而初步确定孩子在哪些领域有天

① KRONBORG L, CORNEJO-ARAYA C A, 2018. Gifted educational provisions for gifted and highly able students in Victorian schools, Australia[J]. Universitas psychologica, 17(5): 1-14.

赋。① 为了进一步测试孩子在智力上的天赋，学校可以采用 IQ 测试法；为了测试孩子在创造力上的天赋，可以采用一种创造性思维测试量表（Torrance Test of Creative Thinking，简称 TTCT）；为了测试孩子在专业领域，如数学上的特长，可以采用韦氏个人成绩测试（Wechsler Individual Achievement Test，简称 WIAT）。② 另一种测试孩子天赋的方法是极度兴奋性问卷（Overexcitability Questionnaire，简称 OEQ）。教师在日常教学过程中也会发现某些孩子的天赋，让家长带孩子到校外参加 IQ 测试。2007 年，澳大利亚优才教育研究资源信息中心（Gifted Education Research, Resource and Information Centre，简称 GERRIC）实施了澳大利亚小学优才生检索（Australian Primary Talent Search，简称 APTS）和澳大利亚中学优才生检索（Australian Secondary Schools Educational Talent Search，简称 ASSETS）项目，以检索学习上有天赋的学生。他们通过检索资优学生（这些学生均通过了相关的智力测试），更好地为其提供适当的规划和教学服务。

还有一些学者认为，奥林匹克智力竞赛能够测试出孩子的天赋。苏博特尼克（R. F. Subotnik）和斯坦纳（C. L. Steiner）发现奥林匹克竞赛获奖和天赋是正相关的。也有证据显示，智力测试结果是预测一个人职业能否取得成功的最佳指标。③ 那么，奥林匹克成绩能否准确预测一个人的智力和创造力呢？实际上，要解决奥林匹克学科竞赛的难题，很大程度上依赖

---

① ORME J G, CUDDEBACK G S, BUEHLER C, et al., 2007. Measuring foster parent potential: casey foster parent inventory-applicant version[J]. Research on social work practice, 17(1): 77-92.

② ROGERS K B, 2002. Reforming gifted education: how parents and teachers can match the program to the child[M]. Scottsdale, AZ: Great Potential Press, Inc.:96.

③ SUBOTNIK R F, STEINER C L,1994. Problem identification in academic research: a longitudinal study from adolescence to early adulthood[M]// RUNCO M A.Problem finding, problem solving, and creativity. Norwood, NJ: Ablex:188-200.

于一个人的认知能力。奥林匹克学科竞赛的获奖者一定是有高智商并富有创造力的。

实际上，优才指向的是在特定的时间点、在特殊学科上有较高的能力。优才生可能无法满足于一个学期中的教学内容，优才教育需要进行特殊的教学内容安排，借助精通模式，依靠适当的指导方法，提高优才生学习效率。优才教育中，针对优才生的教学安排要基于精英主义、家庭压力等因素的考量，在课程安排上要首先虑及学生的学习需求。

学生只有在适合自己的学习环境中才能受益。因此，对于教育工作者来说，他们必须对学生能力做出合理评估，尝试将一些学生融入特殊的教学系统中，并观察学生是否适应。一些学者认为，有天赋的孩子有着特殊的学习优势，但这不意味着优才教学计划就能产生最佳的效果，因为有天赋不意味着才能的多样性。[①] 一些优才生虽然在某个领域有天赋，但也可能存在学习障碍，从而影响到他们天赋的发挥，如英语语言能力较差的优才生在英文的教学系统中很难取得理想成绩，这类优才生往往因为成绩不佳而在优才计划中被忽略。这样看来，优才学生的界定似乎不能过分依赖于标准化测试和不充分的认定程序。

本研究认为，在国家法定的资格测试，甚至在世界级优才测试中成绩优异的学生未必就是优才生，因为优才生不仅要在能力测验和考试中取得成功，还要有基本的领导素养、高层次的应用能力以及创造性思维。

2.2.3　优才学生与聪慧学生之间的区别

每个学生都有自身的学习特点，所以对优才生的认定或测试标准并不

---

① CONKLIN W, FREI S,2007.Differentiating the curriculum for gifted learner[M]. CA:Shell Education:75.

是绝对的，只能作为一种参考，且还应明确优才学生与聪慧学生的区别。本研究认为，优才学生和聪慧学生之间的区别如表 2-2 所示。

表 2-2　优才学生与聪慧学生的区别

聪慧学生特质	优才学生特质
知道问题的答案	提出需要回答的问题
对内容感兴趣	对内容好奇
注意力集中	身心参与其中
有好想法	有异常的想法
努力学习	不需要和其他学生一样努力学习，但理解能力很强
能够努力回答问题	能够详尽地讨论问题
成绩在班级名列前茅	成绩远远超出班级名列前茅的标准
喜欢争论	在争论中有强有力的观点
领悟能力快	已经了解所学内容
需要重复学习掌握知识	只需要一次重复学习即可
有很强的领会能力	有创新意识和较强逻辑推理能力
喜欢同龄朋友	喜欢成年人群体
及时完成任务	主动在课堂上创设项目
友好和开放	强烈和热情
善于复制想法	创造新思想
受学校激励	受学习激励
能够吸收信息	能够掌控信息
像个技术工作者	像个发明家
善于记	善于猜
喜欢有序	喜欢复杂
满足于成功	审视成功

总的来说，优才学生与聪慧学生相比，他们学习进度快，更喜欢解决问题、提出更抽象的问题和联想。优才生往往受内在需求的驱动挖掘自身的潜力，这表现在他们的好奇心强、注意力集中、善于联想等特质上。当然，优才生还需要良好的学习氛围，特别需要适合自身发展的课程设计，同时情感因素也对其提升学习能力至关重要。

2.2.4 优才生的优势及其特征需求

心理学研究中，差异心理学（differential psychology）和普通心理学（general psychology）两种范式有着显著的差异。差异心理学考察人类在感知、行为、思考以及需求上的差异，而普通心理学考察和理解人类心理的共同属性。差异心理学特别关注精英或天才，以及有天赋的群体。[①] 差异心理学认为，这类群体有着与其他人不同的特点和能力。瓦塔斯勒-巴斯卡（J.VanTassel-Baska）和斯塔伯格（T. Stambaugh）区分了小学、中学优才学生和一般学生相比三种与众不同的差异：第一，学习能力强；第二，很愿意发现分析和解决问题；第三，有抽象思维和善于联想。[②] 与一般学生相比，优才生的优势如表 2-3 所示。

---

① GAGNÉ F, 2003. Transforming gifts into talents: the DMGT as a developmental theory[M]//COLANGELO N ，DAVIS G A. Handbook of gifted education. Boston: Allyn and Bacon:60-74.

② VANTASSEL-BASKA J，STAMBAUGH T, 1994. Comprehensive curriculum for gifted learners[M].Boston: Allyn &Bacon:86.

表 2-3　优才学生的优势 [①]

方面	优势
认知	・记住大量信息 ・高层次理解 ・对许多事物感兴趣 ・高度好奇 ・高层次语言发展 ・不同寻常的加工信息能力 ・思维敏捷和灵活 ・有很多想法 ・花大量时间在课题上 ・不寻常的联想 ・产生许多新想法和不同的解决方案 ・整合思想和学科 ・较早地形成和使用概念模式 ・掌握评估自我和他者的方法 ・有很高的热情 ・以目标为驱动
身体	・感知意识强 ・身体发展有不同寻常之处
情感	・累积大量情感信息 ・对他人的感觉有异常的敏感性 ・幽默感 ・提升自我意识和差异感 ・理想主义和公正感 ・内控 ・异常的情感深度和热度 ・对自己和他人的高期盼 ・完美主义者 ・价值观和行动之间一致 ・高层次的道德判断
直觉	・较早就有了直觉认知 ・创造力彰显于所有领域中 ・有预测能力 ・对未来感兴趣
社会	・受到自我实现需求的强烈驱使 ・有很强的解决社会问题的能力 ・有领导潜质

① CLARK B,1988. Growing up gifted[M]. Columbus,OH:Merrill:75.

此外，瓦塔斯勒－巴斯卡注意到，中小学优才生具有下列显著特征：第一，阅读范围广泛且阅读能力强；第二，词汇量大；第三，有良好的记忆力；第四，喜欢钻研问题；第五，独立和主动工作；第六，注意力集中；第七，思想复杂；第八，广泛地接受许多主题；第九，有很强的逻辑能力和判断力；第十，理解关系和意义；第十一，具有创造性或独特性的思想。[①]

优才生不仅学习快，还善于联想和注意力集中，并且洞察问题的角度独特。通常，优才生的认知和情感特征如表 2-4 所示。

表 2-4　优才生的认知和情感特征

认知特征	情感特征
抽象思维能力较强	正义感
专注力较强	利他主义和理想主义
不寻常的记忆力	幽默感
早期的语言兴趣较浓	情感较浓厚
好奇心强	较早关注死亡
喜欢独立工作	完美主义者
兴趣广泛	精力旺盛
思想独特	信守承诺

沙维纳（L. V. Shavinina）指出了优才生的特征还包括审美敏感性、对和谐和美好的诉求、直觉、宿命感、对真理和永恒的信念。他认为优才生的许多特征可以通过"敏感期"（sensitive periods）加以解释。[②] 发展心理学和认知神

①　VANTASSEL-BASKA J,1998b.Characteristics and needs of talented learner[M]// VANTASSEL-BASKA J. Excellence in educating gifted and talented learners. Denver: Love Publishing Company:173-191.

②　SHAVININA L V, 2009. A unique type of representation is the essence of giftedness: towards a cognitive-developmental theory[M]//SHAVININA L V. International handbook on giftedness.Amsterdam: Springer Science:231-257.

经科学都提及"敏感期"这个概念，它是指在发展过程中，通过行为和大脑恒定变化产生特殊经验的时间段。[①] 人类认知和心智发展都经历了敏感期，从而使认知潜能得到发挥，加速心智力的发展。[②] 可以说，敏感期是发展过程的重要环节，一些人的天赋和奇迹总是出现在敏感期，这是理解优才生学习需求的关键所在。

2.3 优才教育的内涵解读

2.3.1 何为优才教育

在解释优才教育之前，首先要澄清几个事实：一是，并非所有孩子的天赋是相同的，即使许多孩子天赋很高，他们的天赋也是有差异的，比如有的孩子有极高的数学天赋，而有的孩子则有艺术天赋。二是，优才教育中大多数教师和管理者并非专家，可能没有接受过正规的优才教育训练。三是，有天赋的孩子也会出现学习障碍，比如学习懒散或无学习动机。四是，优才教育并非精英教育或需要高昂学费的教育。尽管当今社会强调的是教育机会平等，但这不意味着所有孩子学习水平和学习知识的速度相同。很多人会误以为优才教育对所有学生有利，误将优才教育视为精英教育，且只服务于经过认定的优才生。

优才教育领域的重要人物包括弗朗西斯·高尔顿、刘易斯·推孟、

① PENHUNE V B, 2011. Sensitive periods in human development: evidence from musical training[J]. Cortex, 47(9): 1126-1137.

② ROTH T L, SWEATT D J, 2011. Annual research review: epigenetic mechanisms and environmental shaping of the brain during sensitive periods of development[J]. Journal of child psychology and psychiatry, 52(4): 398-408.

莱塔·霍林沃斯等人。一般来说，优才教育指向满足有天赋的学生需求的教育领域。优才教育为有天赋的青少年提供满足其社会、情感和知识需求的教育环境。欧洲委员会议员大会前主席路易斯·荣格（Luis Jung）在欧洲人才代表会议中，提出了优才教育的重要目标：利用天才的潜能实现社会价值（如科学研究的发展、技术发展等），有利于天才的个人发展和幸福，有助于天才取得令人瞩目的成果。

2.3.2　优才教育：一种"社会契约论"视角

我们可以从社会契约论的角度理解优才教育。托马斯·霍布斯（Thomas Hobbes）提出人类社会交往是受到"社会契约"调节的。从现代的视角看，国家的教育系统可以从不同群体（如学生、家长、教育家等）的社会契约这一角度来理解。社会契约的作用在于实现群体意图之间的平衡。[①] 在优才教育中，社会契约强调了政府、研究机构和学校等之间的通力合作。

下面以我国香港地区为例进行阐述。1990年，香港地区开始关注优才教育，成立了专家团队，建议组建教育委员会，旨在考察香港优才教育的潜力。同年，香港地区实施和发展了优才教育，着手实施以学校为基础的教学计划，以满足优才生的需求。1990年，香港教育统筹科对天赋给出多维度界定，并得出结论：天赋应该通过对先天的能力与水平的综合测量加以确定。[②]1994年，香港教育统筹科启动了"以学校为基础的资优儿童试点学习计划"（Pilot School–based Programme for Academically Gifted Children）。

香港逐渐成为国际上研究优才教育最知名的地区，为全体学生提供高

---

① HOBBES T, 1994. Leviathan. [M]. New York: Macmillan：59.

② CHAN D W, CHAN L K, ZHAO Y, 2009. Twenty-five years of gifted education research in Hong Kong 1984—2008: what lessons have we learned[J]. Educational research journal, 24(1): 135-164.

质量、不同层次的优才教育服务，而非仅局限于优才教育。香港地区的私立学校和国际学校为优才生提供支持，政府为优才学校提供津贴。从图2-1可以看出香港地区优才教育的三个水平，以及每个水平如何被进一步融入专门的课程体系中。

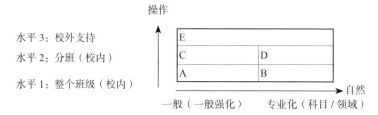

水平3：校外支持
水平2：分班（校内）
水平1：整个班级（校内）

图 2-1　香港地区优才教育服务

资料来源：CHEUNG R S H, HUI A N N, CHEUNG A C K, 2020. Gifted education in Hong Kong: a school-based support program catering to learner diversity[J]. ECNU review of education, 3(4): 632-658.

水平1

A：教室中所有学生都要接受高层次思维能力、创造力以及个人—社会能力教育，这是优才教育的核心原则。

B：在普通班级中，扩展和深化不同学科的课程内容，采取不同的教学方式满足学生的学习需求。

水平2

C：优才生分班教学计划强调将优才生放到一个学习小组中教学，扩展普通班级中的课程内容。

D：特殊学科（包括数学和艺术）的分班教学计划，系统地培养学生在这些领域中的高水平。

水平3

E：对才华出众的学生进行个性化教育安排，提供校外的资源支持（如咨询、指导、提早入学等）。

香港地区优才教育的发展初期由主管教育工作的政府部门负责，与特定的教育机构合作，包括冯汉柱优才教育中心（The Fung Hon Chu Gifted Education Centre）。2008 年 8 月，中国香港优才教育学院成立。该学院关注水平 3 的学生（高资质），这些学生代表前 2% 的学生群体。1997 年到 1998 年，香港教育统筹局评估了优才生试点教学计划，验证了该计划的过程和结果，使得香港地区优才教育得到进一步完善。在该计划下，教育心理学家为试点学校提供了支持，体现在教学计划、课程发展、学生选拔以及教师培训上。香港地区正是基于社会契约角度，政府、研究机构、学校达成合作，才成为推动优才教育蓬勃发展的典型范例。

2.3.3　优才教育的含义：从教育机构、教师和学生的角度

为了在未来职场上获得成功，学生需要获得越来越复杂的技能。1991 年，美国劳工部发布了"SCANS 报告"，强调学生不仅需要基本学习能力，还要有批判性的思维能力（即决策、解决问题、深思问题、了解如何学习和推理），并且要有掌握最新技术的能力。该报告还认定，在个人发展过程中人格特征（如个人责任、自尊、社会能力、自我导向、正直）以及人际技能（如与工作团队合作、教学、为客户服务、引导、协商以及与不同文化背景的人员进行合作）等具有重要意义。《21 世纪学生成就的关键组成部分》（*Key Building Blocks for Student Achievement in the 21st Century*）重申了这种能力：在知识经济时代，重要的是要懂得如何快速定位信息、准确权衡和评估信息、借助信息来解决问题。很显然，如今学生的学习过程应该融入这些复杂的技能，而非机械地学习和记忆。因此，21 世纪的重要任务是教育变革，西方发达国家如美国曾颁布过《不让一个孩子掉队法案》（*No Child Left*

Behind Act），强调人才培养的重要意义。在这样的背景下，优才教育各主体的角色（情况）这一问题值得探讨。

（1）教育机构和研究学会的角色

优才教育的目的在于发展天才学生的特质，满足其学习需求，因此，优才教育相关机构和学会要以此为目标，推动优才教育有序发展。美国国家天才儿童协会（The National Association for Gifted Children）设定了符合天才学生需求的课程发展标准。在这些标准之下，课程内容要与所有年级层次和学科层次相契合，包括目标、内容和学生面对的挑战，鼓励学生按照自己的节奏学习，投入感兴趣的领域。教师应该是知识渊博的，通过丰富教学内容，完善课程体系，积极为学生授课和指导。特别是，教师应该在了解学生偏好的基础之上提供特殊的指导。

（2）学生的角色（情况）

仅仅从学习成绩的角度去认定优才生是不科学的。很多资优的学生成绩并不理想，原因在于学校并没有为他们的学习创造有利条件，使他们的潜力无法充分发挥。除此之外，社会、情感和认知发展的不同步性使优才生迫于社会的压力，往往容易在学习上分心。当然，也有一部分学生没有处理好与同学之间的关系，这也影响到成绩。一些资优的学生由于学校和社会等多重因素埋没了自身的潜能，学习成绩也不如意。不少学校由于没有单独虑及这些资优的学生需求，教学进度较慢。知识点早已掌握，教学内容又缺乏挑战性，使得这些学生的学习兴趣锐减。① 科兰杰洛（N. Colangelo）等人注意到，与成绩较高的学生相比，成绩较低的学生往往对学校不满意且对未来职业没太大期望，最终导致部分天赋较高（但表现出

① SWIATEK M A，LUPKOWSKI-SHOPLIK A,2000. Gender differences in academic attitudes among gifted elementary school students[J].Journal for the education of the gifted, 23(4):360-377.

来是成绩较低）的学生学习兴趣不浓。①布里奇兰（J. M. Bridgeland）等的研究显示，澳大利亚 20% 的高中生因为课程没有挑战性而辍学。② 由此看来，优才生成绩不理想的原因是复杂的，但往往学校的责任最大。从教学的意义上看，学校要确保不同层次的学生在课堂上受益，当然这对于教师来说颇具挑战性。

资优学生未必学习成绩就好，特别是高中学生。有研究显示，成绩不高的资优学生比重高达 10% ～ 50%。③ 因此，优才教育应该首先虑及学生在教学过程中的情况。第一，学生需要积极参与学习，教师需要借助建构主义教学方法来推动学生学习。第二，要对学生学习情况进行评估，教师要和学生进行对话，以此提升学生能力。第三，学生们并不是相同的，他们不仅来自不同的背景，有着不同的学习进度，而且学习风格和优势上也有差异。因此，教师需要运用不同的教学技巧。

（3）教师的角色

一般来说，老师对优才生持有积极的态度，但是更期待这些学生接受常规教育，不希望对这些学生进行特殊教学。实际上，有天赋的学生应该有特殊的教学环境。但可惜的是，理想和现实并不一致。成绩不佳以及辍学的事实表明，有天赋的学生并没有得到应有的关注。面对学习能力不同的学生，教师如果想在课堂上达到预期的教学效果，有必要将

① COLANGELO N, KERR B, CHRISTENSEN P, et al., 2004. A comparison of gifted underachievers and gifted high achievers[M]// MOON S M. Social emotional issues, underachievement, and counseling of gifted and talented students.Thousand Oaks, CA: Corwin Press:119-132.

② BRIDGELAND J M, DIIULIO JR J J, MORISON K B, 2006.The silent epidemic: perspectives of high school dropouts[M]. Washington, DC: Civic Enterprises: 129.

③ MORISANO D，SHORE B M, 2010. Can personal goal setting tap the potential of the gifted underachiever?[J]. Roeper Review, 32(4): 249-258.

课程内容等区分，也就是要对课程内容、过程、学习环境进行修改和调整，使之与个体的学习需求相匹配。但实际上，在常规课堂上，很少有教师为了照顾有天赋的学生进行教学内容的区分，因为大多数教师对于课程内容的设计往往虑及的是整个班级的总体水平，不愿意在课程内容上单独照顾有天赋的学生，如卡拉汉（C. Callahan）等研究表明，很多教师为了升学率和教学绩效，面临着很大的竞争压力，认为单独照顾有天赋的学生并不可取。[①]

此外，很多教师并没有接受过关于优才生需求的培训或对学生进行区隔策略的训练，这正是教育工作者在提升优才生教育教学成效上所面临的巨大挑战。有天赋的学生彼此间的差异与其他非优才学生彼此间的差异并无二致。实际上，无论学生有无天赋，由于他们的学习动机以及兴趣等的差异，很难用统一的方法指导不同层次水平的学生，因此，对于老师而言，掌握与他们互动的条件以及采用特殊的教学方式尤为重要。例如，澳大利亚的精英学校往往面向优才生实施一种多维知识能力（Multiple Intelligences, MI）研究计划，这种研究计划涉及不同层次学生的活动，对老师的课程设计要求较高。

总之，教学高效的教师要具备几个特点：熟悉教学内容或对象、有效使用教学策略以及营造支持性的学习环境。教师要了解自己的学生，就要了解每个学生的实际发展状态。在学生发展的过程中，教师要对他们的能力进行有效区分，因为有天赋的学生往往能够感知到这种区分的意义。[②] 布兰斯福德（J. D. Bransford）等人在《人是如何学习的：大脑、心理、经验及学校》

① CALLAHAN C, TOMLINSON C, MOON T, et al., 2003. Feasibility of high end learning in the middle grades[M]. Charlottesville, VA: NRCGT：134.

② PANDINA SCOT T, CALLAHAN C M, URQUHART J, 2008. Paint-by-number teachers and cookie-cutter students: the unintended effects of high-stakes testing on the education of gifted students[J]. Roeper review, 31(1): 40-52.

（*How people learn: Brain, mind, experience, and school*）中指出，教育工作者要重构教育，不能让学生变成一种填充知识的"器皿"，而是要让其积极参与教育过程，获悉如何学习的方法。[①] 也就是说，在教学过程中，教师要对学习水平进行评估，之后根据评估结果为学生进行区分指导；在课堂实践中，要以学生为中心，开展与学生生活经验有关的活动；在跨文化教学环境中要虑及文化差异。为了培养学生的高层次认知水平和批判性思维，教师要为学生分组讨论创造条件，在小组合作中提升学生的语言沟通和团队合作能力。

2.3.4　优才教育的课程与计划

（1）优才教育课程

一般来说，优才教育的课程是按照优才生的社会情感和知识需求设置的。对学生来说，课程的设置一般要强调学生的参与、教学内容的多元化，适当挑战学生的能力。桑福德（N. Sanford）等认为，在学习过程中，学生必须有挑战和支持。[②] 阿普克拉夫（M. L. Upcraft）等人的看法是，在学习过程中，太大的挑战会使学生压力太大、沮丧甚至很难学明白，很小的挑战会使学生很厌烦、没动力以及对学习不感兴趣。对学生支持得不够，学生会感到孤立和孤单，无法专注于知识学习和社会交往；对学生支持得太过，学生会无动于衷，很少关注于学习和发展。[③] 因此，从课程设计上看，要注重学生的体验学习，让学生在活动中有归属感。

①　BRANSFORD J D, BROWN A L, COCKING R R, 2000. How people learn: brain, mind, experience, and school[M]. Washington D.C.: National Academy Press：107.

②　SANFORD N,1962. The American college[M]. New York: John Wiley & Sons：89.

③　UPCRAFT M L, GARDNER J N, BAREFOOT B O, 2005. Challenging and supporting the first-year student: a handbook for improving the first year of college[M]. San Francisco, CA: Jossey-Bass：137.

克夫特（S. Kift）提出了"第一年的课程原则"（first year curriculum principles），如表 2-5 所示。这些原则分别是：转型阶段、多样性、设计、参与、评估和监控，从而强调了适合的、有挑战且受欢迎的课程的重要性，这种重要性在学生转型阶段更为显著。

表 2-5　第一年的课程原则

原则	描述
转型阶段	课程内容及其实施从设计上应该保持一致，并且由于学生从早先学习经历过渡到新的学校环境学习，要求课程内容要有显著的协调性，使得学生能从第一学年的学习顺利过渡到接下来几年的学习，乃至未来工作、专业实践等
多样性	第一年的课程设计要针对多样化的学生，使课程内容符合所有学生的需求。课程设计应该虑及学生从之前社会、文化以及学习环境过渡到新环境的特殊的学习需求。多样性往往加剧了过渡时期的困境。第一年的教学应该充分考虑到学生的背景、需求、经验以及学习模式
设计	第一年的课程设计和实施上应该以学习为中心，为第一年学习的成功奠定基础，这要求课程内容必须在设计上协助学生发展和支持他们与学习环境的互动，虑及学生的知识、技能和态度
参与	从第一年的课程学习看，教学和评估方法应该虑及教学过程中的互动，提倡积极的学习态度、同伴之间的合作精神、师生交互式学习方式
评估和监控	第一年课程设计应强调学生学习效率的提升。在第一年的课程学习中，教师要监控所有学生在学习过程中的参与情况，并适时地介入不同层次的学生学习过程，保证学习质量

资料来源：KIFT S, 2009. Articulating a transition pedagogy to scaffold and to enhance the first year student learning experience in Australian higher education: final report for ALTC senior fellowship program[M]. Strawberry Hills, NSW: Australian Learning and Teaching Council：67.

优才教育的课程设置要充分虑及学生的特征，特别是在跨文化环境下，教育的目标以及学生技能培养策略等方面均有特殊之处。资优学生课程设置的跨文化视角见表 2-6。

表 2-6　资优学生课程设置的跨文化视角 [①]

跨文化教育的目标	学生的技能培养	适当的策略 / 多文化活动
对社会公正和平等问题的检验	有关社会和文化的批判性思维	有关重要议题和关注的独立研究
跨文化理解	文化相对论视角	多种场景的导师制和实习制
民族的自我意识和生活方式假设	遗产和偏见分析	超越自身文化视角的丰富活动：谈话、服务学习
从文化的角度验证知识是如何建构的	有关知识的建构论视角	社会和行为科学的加速研究以及拓展知识视角的多学科学习
解决问题和矛盾	创造性产出	提出有关多种问题的现实方案

对于优才教育而言，在跨文化课程设置上应虑及以下几个层次：首先，文化响应式教学（culturally responsive pedagogy）。盖伊（G. Gay）认为文化响应式教学应包括以下特征：确证性、综合性、多维性、认同性、可转换性以及释放性。很多优才教育研究者尝试确证多种学科教学内容，使得课程体系的设置更有意义。其次，文化因素。[②] 对于教师来说，他们所要面对的巨大挑战也是来自跨文化的冲突。许多优才生基于同等的机会参与优才计划，通过学习和获取信息资源来实现自我，但教师文化背景往往同跨语言和跨文化的学生之间存在冲突。思马特尼（J. F. Smutny）指出，在跨文化的学习环境下，优才生多种多样，教师需要经过专业的培训才能辨别优才生。[③]

（2）优才教育计划

针对优才生，国际上实施了不同的教育计划，如澳大利亚实施了特殊

---

① CUSHNER K，MCCLELLLAND A，SAFFORD P, 2003. Human diversity in education: an integrative approach [M]. New York: McGraw-Hill.

② GAY G,2000.Culturally Responsive teaching: theory, research, and practice[M]. New York: Teachers College Press.

③ SMUTNY J F, 2003. Underserved gifted populations: responding to their needs and abilities[M]. Cresskill, NJ: Hampton Press.

的教育计划：一旦学生被认定为是有天赋的和天才的，那么就会依照这些学生的特点为其安排课程体系。澳大利亚中小学的课程和教学计划调整要依照学生入学的自然情况进行，配课也要符合学生自身的能力水平，不设置学生已经掌握的课程内容。[①]

从美国的优才教育计划看，优才教育不局限在中小学，还延伸到大学生群体中来。很多学者在研究美国的优才教育计划之前，首先探究美国大学生入学的心理状态。[②] 也有学者思考了美国大学生的特质，描绘了优才大学生内隐的特质。[③] 从高中毕业后，学生的天赋和才能并没有消失，学生将成为有天赋的成年人，他们的高度敏感性和工作热情仍然不变。[④]

优才学生进入大学后面临怎样的困境呢？瓦格纳（G. R. Waggoner）观察了美国大学的学部和管理部门，发现他们只是把重心聚焦于平常表现不好的学生。另外，大学的课程安排也仅仅是符合一般学生的需求。实际上，瓦格纳注意到，大学学习的前两年对优才学生的培养至关重要。这些优才生来到大学会发现其所期待的大学生活同高中生活不同。如果大一的课程仍然重复高中阶段的知识，或是大班上课，又或是教学进度慢，等

① TAYLER C, CLONEY D, ADAMS R, 2016. Assessing the effectiveness of Australian early childhood education and care experiences: study protocol[J]. BMC public health, 16(352): 1-12.

② NOBLE K D, CHILDERS S A, VAUGHAN R C, 2008. A place to be celebrated and understood: the impact of early university entrance from parents' points of view[J]. Gifted child quarterly, 52(3): 256-268.

③ ALBON R, JEWELS T, 2008. Gifted university students: last chance to "come out of the closet" [C]//10th Asia-Pacific Conference on Giftedness, Singapore: 157.

④ FIEDLER E D, 2009. Advantages and challenges of lifespan intensity[M]// DANIELS S, PIECHOWSKI M. Living with intensity: understanding the sensitivity, excitability and emotional development of gifted children, adolescents and adults. Scottsdale, AZ: Great Potential Press:167-184.

等，都会使优才生产生消极的心理，他们很有可能到了大三的时候就不愿意参加优等成绩计划或参与独立研究的计划。[①] 美国大学的优等成绩计划是针对学习成绩较好的学生的，不同于澳大利亚的教育模式，美国优等成绩计划要求本科生每年参与课外的活动，包括一些高水平的课程以及额外的评估工作。罗宾逊（N. M. Robinson）认为，大学要满足资优学生的需求，否则很多学生难以超越自我，难以发挥出高水平，且其生活满意度还会降低。[②]

---

① WAGGONER G R,1957.The gifted student in the state university[J].The journal of higher education, 28(8): 414-467.

② ROBINSON N M，1997. The role of universities and colleges in educating gifted undergraduates[J]. Peabody journal of education, 72(3/4)：217-236.

3

优才教育研究的理论基础

优才教育研究具有交叉的特点，横跨心理学、教育学、认知科学、哲学等多学科领域，其中"反思和元意识"理论、"积极分裂"理论、"马斯洛需求层次"理论、"建构主义"理论等提供了重要的理论基础。在优才教育发展的过程中，其解释模式也从"神秘模式"转向"精通模式"，斯腾伯格的"三元智力"理论、加德纳的"多元智力"理论、"自我概念发展"理论、"提升多层次敏感度"理论等成为重要的理论依据。

3.1 优才教育研究的理论源流

3.1.1 认知心理学的"反思和元意识"理论

优才教育是主要针对在某领域或某些领域有天赋的学生的一种专门教育。认知心理学理论为优才教育研究奠定了重要的基础，尤其是反思和元意识（reflection and meta-consciousness, 简称 RMC）理论。[①]RMC 理论是一套研究教师和学生之间思维活动的理论，强调控制和确证思维和行动的合理性。RMC 理论的应用能够有效提高学生的思维能力，增强学生的学习动机以及改善学生的人际交往能力。谈及 RMC 理论，我们首先要厘清其涉及的概念，如认知、反思、元认知、元意识、意识流等心理学概念。

第一，有关认知和意识的概念。最初认知指的是一种过程，如知觉、记忆等过程。之后，心理学界将认知这个概念向多个领域延伸，从思维、注意力、记忆力、感觉和动机到复杂的团队，再到单位之间以及人际关系之间的复杂过程。

第二，有关反思和意识流的概念。反思就像自己照着一面镜子，旨在进行彻底的自我检视，以人际沟通以及自身的内心活动为基础。对于反思的测试可以通过自我报告的相关问卷完成，测试的相关维度如态度、自我意象、控制点、动机或满意度。工作记忆指的是部分意识，能够维系和加工信息，如内容、认知、情感和动机。意识流源于工作记忆，在睡与醒过程中持续发生。意识流就好像水流动的状态，意识内容的流动贯穿一个人

---

① WALLACE B，ERIKSSON G, 2006. Diversity in gifted education: international perspectives on global issues[M]. London: Routledge.

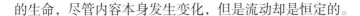

的生命，尽管内容本身发生变化，但是流动却是恒定的。

第三，从元认知（meta-cognition）、元意识（meta-consciousness）到RMC 的定义。元认知往往被界定为有关认知的认知，涉及内省或洞察，我们往往将元认知解释为一个人的心智或意识操作过程，如一个人的学习技能、记忆力以及学习自控力。元认知一般由三个部分组成：元认知知识、元认知调节、元认知经验。元认知知识关系到我们的认知过程，以及为了更好地学习进行的认知调节过程。元认知知识涉及个人知识、任务知识以及策略知识。元意识则是有关意识的意识，有关思维的思维，也就是一种反思的过程。RMC 主要围绕自我认知、意识的自我管理等展开。

由此看来，"反思"这个概念有着深层次的教育根源，而"元认知"概念源于认知心理学。在信息加工模式下，RMC 在于重新界定这两个不同的概念，尝试将其整合起来。由于个体对教育的感知不同，所以将RMC 应用到教学过程中有着特殊的意义，便于进一步观察教学过程以及指导学习。将 RMC 融入教学过程需要特别关注四个层次：课程内容、在有挑战的环境下的共同体、先进技术的使用以及教师培训。

RMC 课程的发展需要虑及以下几个内容：一是从课程内容上看，要关注认知发生过程中的各方面，如注意力、工作记忆、心灵意象、反思、元认知等。课程内容应更多涉及决策、解决问题、转移策略等技法，虑及学生的综合认知、情感和动机。二是从学习任务上看，要以提升学生的自我意象和动机为目标。学习任务的难度要有差异；课程内容的设置要灵活，既适合小组授课，也适合大班授课，让成绩优异和成绩不佳的学生在其能力范围内接受相应的挑战，资质高的学生可以在学习过程中进步较快，资质低的学生也能够在学习过程中受益。三是从学习目标上看，可以提供可选择的任务或指定任务让学生完成。学生在完成任务过程中掌握独立解决问题的能力，提出多种多样的解决问题的方案，且将理论和实际有机结合起来，进一步提升认知能力。

3.1.2 精神心理学的"积极分裂"理论

波兰心理学家东布罗夫斯基（Kazimiez Dabrowski）提出了积极分裂理论（theory of positive disintegration，简称 TPD），用以描述人格发展。[①] 东布罗夫斯基的理论不同于主流心理学理论，他将心理上的紧张和焦虑视为成长的要素，这些看似消极、分裂的因素实际上在个人的成长中起到了积极的作用。负面的情绪实际上能够成为判断学生资质的标准。负面情绪是由内在矛盾触发的，但它能够使个体建立较高层次的人格结构。也就是说，负面情绪属于积极分裂的一部分。对于有负面情绪的学生，要积极引导和鼓励他们重释内在矛盾，重新接受自我。

在东布罗夫斯基看来，积极分裂与个人的成长相伴而生，一个人在成长的过程中会经历精神分裂和恢复阶段，使其对本我和世界的认知发生巨大的变化。积极分裂塑造了利他主义情怀的人格特征，也就是说，TPD 的重要旨趣在于推动个体从自我到利他的转变，主要关注的是积极分裂所需的要素。一个人的发展要经历以下层次：初级综合；增加分裂复杂性的三个层次，即单维层次、自发的多维层次以及组织的多维层次；最高层次的二级综合。发展的多层次性说明了 TPD 是一种发展阶段理论。积极分裂理论不同于其他发展阶段理论，其认为只要很少的一部分人能够很好地将遗传和环境结合起来，就能使发展达到最高层次。这些层次是以区分本能因素、社会传统、个体增长和自治为标志的。东布罗夫斯基的五个层次理论旨在提升个人的层次，即个人的人格是通过利他价值观层次界定的。他

① DABROWSKI K, 1966. The theory of positive disintegration[J]. International journal of psychiatry, 2(2): 229-249.

指出了人们日常生活中会在五个方面出现超亢奋（overexcitability），即心理动力、感性、想象、智力和情感。在他看来，情感的超亢奋一定会达到发展的最高层次。环境与超亢奋的互动会激活自治的内力。

TPD 这套理论虽然在一般的教育领域很少得到应用，但对于优才教育来说，却是很难得的，可以以此洞察资优学生的心理机能，包括情感的敏感度和细腻度、创造性人格等。①TPD 对优才教育来说有着重要的意义，虽然它没有提供如何将一些技法应用到课堂教学中的说明，但在优才理论缺失的情况下，TPD 为优才教育领域提供了阐释优才生情感要素的概念，同时对有关天赋的概念进行了验证。

东布罗夫斯基注意到，"天赋"这个词语往往被用在优才教育领域中。一般来说，很多学者将天赋视为多维的，比如多维智力，认为优才实际上应是在一般智力、特殊知识、创造性思维、艺术及体育等方面有杰出的天赋。② 东布罗夫斯基认为这种界定实际上并没有说明较高发展阶段的个体潜能，也没有虑及其他重要的情感特征，如敏感度的提高、自我批评、精神和情感的细腻度等，而这些人格因素都会导致个体发生一系列的积极分裂。优才教育计划中提到的特殊标准通常包括的是在校期间学生在某些领域的杰出表现，但这并不一定就是天赋，而更多的可能是指发展的潜力，天赋和发展的潜力是两个不同的概念。发展的潜力包括三个维度：特殊才能、神经性反射活动、内在动机。当个体有很强的发展潜力时，他们往往能频繁地感受到危机，这有利于他们发展自我人格。东布罗夫斯基发现，有天赋的人往往显示出较高的发展潜力，这都归因于这种积极的分裂。

---

① DABROWSKI K, 1964. Positive disintegration[M]. Boston: Little Brown.:113.

② DAVIS G A ， RIMM S B,1998. Education of the gifted and talented [M]. Boston: Allyn & Bacon:82.

3.1.3 社会心理学的"马斯洛需求层次"理论

优才生有不同的特点，学习需求灵活多样，这为优才教育的课程设置带来一定的挑战。由于他们的知识领悟能力较强，所以教学速度上要灵活，尽量避免重复性教学。罗杰斯（K. B. Rogers）指出，要使优才生能够成功学习，优才生或老师需要做到以下几个方面：不断接受挑战，独立完成学习任务，加快学习进度，社会化的融入，与能力相仿的优才生一起学习减少重复性教学，以及从整体到部分的概念教学。[①]也就是说，积极提升优才生发现和分析解决问题的能力，通过趣味的连环问题，训练他们的思维和解决问题的技巧，激发他们对问题的深层次思考。因此，为了培养优才生的抽象思维和善于联想的能力，在课程安排上要内容复杂、有多学科的体验和活动，使得他们能够在特殊的团队或项目中进行跨领域的工作。

心理学家马斯洛（Abraham Maslow）提出了马斯洛需求层次理论（Maslow's theory of hierarchy of needs），用生理、安全感、归属、爱以及尊重来描述人类不同层次的需求。[②]他认为人的需求由低到高，但在达到较高层次需求之前，较低层次的需求必须得到满足。优才生在实现自我之前，必须有归属感，得到他人尊重。他们通过同其他学生比较发现自己的异常特质，从而激发自身的学习需求。

斯特朗（J. H. Stronge）的评价是"马斯洛的理论解释了优才学生的需求。优才生需要在有安全感的环境下学习，这符合他们的情感需求。他们需要有正义感、利他主义和理想主义，以及特殊的、有幽默感的情感表达。在学习上，他们有很强的兴奋度和热情度，他们兴趣广泛；在处理问题上，

---

① DABROWSKI K, 1964. Positive disintegration[M]. Boston: Little Brown:113.

② DAVIS G A ， RIMM S B,1998. Education of the gifted and talented [M]. Boston: Allyn & Bacon:82.

他们力争完美"。① 可以说，优才生之间由于志趣相投，对彼此有很高的认同感，符合马斯洛需求层次理论提到的内容。他们在一起通力合作，会产生很大的工作热情，在相互学习和交流的过程中会成为很好的朋友。

3.1.4 发展心理学的"建构主义"理论

建构主义教学观是基于建构主义学习理论提出的，强调学习的前提是学习者积极参与到知识建构过程中，而不是被动地接受信息，学习者是知识的创造者。建构主义教学模式旨在培养学生的批判性思维，激励学生独立学习。该理论认为，学习总是建立在学生已有知识的基础之上，这种先验知识被称为"图式"。因为所有的学习都是通过预先存在的"图式"过滤的，所以建构主义认为，当一个学生积极参与学习过程，而不是试图被动地接受知识的时候，学习是更有效的。基于建构主义学习理论，教学方法各种各样。大多数教学方法依赖于某种形式的教师引导，但要避免最直接的指导，而是要试图通过质询和活动等方式，带领学生探索、讨论、欣赏并用语言表达新知识。

建构主义教学模式以发展心理学为基础，侧重于学生个体的发展，教师则是推动学生学习的"催化剂"。如果教师遵循建构主义教学进路，就会关注知识建构的提升，强调学生的自我监控以及交换思想的过程。在社会情境下，每个个体对科学的理解都是不一样的。建构主义教学模式就是让学生放下"认知包袱"，引导学生发展潜在的能力。建构主义教学模式致力于实现由"天赋"向"才能"的转化，采用此教学模式时，在课堂上要让学生从被动的接受者变为积极的参与者。建构主义课堂教学强调的是

---

① ROGERS K B, 2007. Lessons learned about educating the gifted and talented[J]. Gifted child quarterly, 51(4): 382-396.

课堂角色的变化，让学生在熟悉的已有经验上有新的突破，只是适应传统教学方式的学生一开始可能会抵触建构主义的教学模式。当然，在建构主义教学情境下，如果实际的教学环境贴合学生偏好的课堂环境，那么学生的学习效果就会更佳，因为建构主义教学方法更有益于发展学生深度学习的能力。

3.2 优才教育研究的理论基础

3.2.1 斯腾伯格的 "三元智力" 理论

智力是具有多重特点的。心理学家斯腾伯格（R. J. Sternberg）提出了"三元智力"（triarchic theory of intelligence）理论，从纯认知的角度，包括个人的目标、创造力、文化环境以及人类经验的其他方面，如情感、社会和存在主义意识等来理解智力。该理论认为智力与一个人的目标、创造力和认知能力有关。高水平的智力被界定为：（1）在既定的社会文化环境中实现生活目标的能力；（2）利用优势、补救或修正弱势的能力；（3）为了适应和选择环境的能力；（4）整合分析的能力、创造力和现实能力。[①]斯腾伯格认为，他的理论是三元的，即是基于三个子理论的：（1）智力构成理论；（2）自动加工信息的理论；（3）适应、选择和形成过程的理论。[②]斯腾伯格的三元智力理论承认了分析性任务、创造性任务和实践性任务的关键作用。分析性任务

---

① STERNBERG R J, 2005. The theory of successful intelligence[J].Journal of psychology, 39(2): 189-202.

② STERNBERG R J, 2011. The theory of successful intelligence[M]//STERNBERG R J，KAUFMAN S B.The Cambridge handbook of intelligence. Cambridge: Cambridge University Press:504-527.

涉及信息加工过程中的分析、评估、判断和对比。创造性任务涉及创造、发明、发现、想象和假设等。实践性任务涉及执行和应用。

3.2.2 加德纳的"多元智力"理论

（1）多元智力理论的兴起

对于智力的产生是先天的还是后天的争论一直没有休止过。加德纳（H. Gardner）尝试调和这场争论，他提出了智力研究的新理论，即多元智力理论，认为智力有某些遗传特征，但可以通过生活经验加以改变。[①]此外，在他看来，人的智力程度不同，多种多样。他在 1983 年出版的《智力的结构：多元智力理论》（*Frames of Mind: the Theory of Multiple Intelligences*）中阐述了他的看法：人类的认知领域非常广泛，比如儿童学习乘法的速度快不意味着他们智力水平高，因为速度慢的学生可能在数学领域之外更有天赋，或者他们因陷入更深入的思考而影响了速度。

多元智力理论不仅关注正常的儿童和成人，还研究有天赋的个体、跨文化的个体以及受过脑损伤的个体。加德纳的研究主要汲取了进化生物学、神经科学、人类学、心理学等学科理论的营养。他将智力界定为能够解决问题和创造新产品的能力，挑战了将智力视为人类心灵的一种属性的观点。他最初列举了七种智力：口头语言智力（verbal-linguistic intelligence）、音乐智力（musical intelligence）、逻辑数学智力（logical-mathematical intelligence）、视觉空间智力（visual-spatial intelligence）、身体动觉智力（bodily-kinaesthetic intelligence）、人际关系智力（interpersonal intelligence）和内省智力（intrapersonal intelligence）。后来他又补充了两种智力：自然主义智力（naturalistic intelligence）和存在主义智力（existential

---

① GARDNER H,1983. Frames of mind[M]. New York: Basic Book Inc.:59.

intelligence），只是后者没被广泛关注。^①总的来说，在他看来，智力是一种认知能力，是多元化的，认知能力本身也是多元化的。

根据多元智力理论，智力是可变的，据此要在教育过程中积极引导学生，满足学生的需要和兴趣，使教学内容和指导方式透明化。对于优才教育来说，这种理论同样适用，可依照不同学生的智力，运用特定的策略，比如基于问题学习、独立学习和团队学习等进行教学工作。

（2）多元智力理论对优才教育的影响

当优才生与普通学生一起学习时，他们往往认为很浪费时间，因为他们是有天赋的，并且早已掌握课堂上老师传授的内容了。即使他们早已了解课堂学习的内容，但由于不善表达而显得内向，不主动回答问题，与同学之间的关系冷淡。因此，对于教师来说，面对优才生是颇有挑战的。一些优才生因为参加了奥林匹克竞赛，让自己的潜能在新的学科领域中得到了发挥，所以在正常的班级学习并不能满足其需求。很多有关优才教育的研究提及了一些天赋极好的学生成绩不好的事实，究其原因在于他们的学习环境。因此，对于教师来说，他们首先要提前评估学生对课程内容的了解情况，决定是否要拓展课程，包括融入有趣的活动、富有挑战性的问题和游戏，要积极引导学生之间的互动。很多研究者也注意到优才生的抽象思维能力很强，认为教师要引导这些优才生开放性地回答问题和大胆提出假设。

多元智力理论对指导优才生的学习有所裨益。优才生在某个领域或多个领域有很强的才能，特别是很多学生在数学上有着特殊的天赋，被称为"数学天才"。实际上，这些学生更喜欢的是模块课程，而不是传统的课程。他们需要在教学过程中不断接受挑战，在解决复杂问题的时候深入处理一

---

① GARDNER H E, 2011. Frames of mind: the theory of multiple intelligences[M].New York: Basic books:87.

些开放式问题。这些学生对数学过程有着先天的理解，当他人浏览他们的解题步骤时，他们无法清楚地解释自己究竟是如何得出正确的答案的。奥斯加克（S. Y. Osciak）等指出，多元智力理论对于优才生的教学指导意义显著。该理论能够应用在课程内容、课堂活动、师生交流、学生互动等方面。比如，有的优才生在数学和自然科学上有天赋，教师在课程设计上可以将逻辑推理等活动内容交给他们完成。另外，为了满足优才生的需求，教师在教学设计上可以将多元智力理论应用于在线学习，如基于网络指导，可以基于八种智力训练的方式开展相应的活动。在学习的过程中，教学材料要同课程活动配套，尽可能让学生在网上进行合作学习和讨论。①

（3）多元智力理论的局限

多元智力理论对于优才教育来说可能有很大的应用价值，但这一理论仍缺少来自神经科学研究的支持。加德纳提出的这几种智力能否得到有效的测试至今还没有定论。此外，怀特（D. White）等认为，有关"智力"（intelligence）和"技能"（skill）的界定很模糊。实际上，技能是智力作用下的结果，是受环境影响的。比如游泳是一种技能，受身体动觉智力的影响。技能可以通过不同的途径实现，但智力是人与生俱来的。此外，也有学者认为，加德纳对智力的划定还不够细致，比如对特定的智力还可进行具体细分。还有部分学者认为，多元智力理论往往虑及特殊人群，特别是有天赋的群体。如果说优才生在不止一个领域上有超常的才能，那么这与智力是独立的说法又有些矛盾。

多元智力理论的出发点在于客观地反映现实，也就是说，传统教育可能高度聚焦于两个智力领域的训练：逻辑数学和口头语言。从现实生活看，标准化测试的问题主要涉及这两个领域。这两个领域中成绩好的学生往往

① OSCIAK S Y, MILHEIM W D, 2001.Multiple intelligences and the design of web-based instruction[J]. International journal of instructional media, 28(4): 355-361.

被视为是有天赋的，有些在其他领域有天赋的优才生因此失去不少自我表现的机会。此外，此理论更多关注的是团队合作、独立研究、讨论以及提出问题等，但忽视了教师的教学策略与学生适应之间的关系。假设一个孩子在小学阶段接受的是传统教学方法，在之后的阶段学校老师将多元智力理论应用到课堂教学中，这能否发展孩子各个智力领域，或满足他们的需求呢？实际上还有其他的可能，比如教师在将理论和实践结合的过程中出现了问题，教师本身存在对知识的误解，那么这就给理论的应用带来了麻烦。另外，受到教学进度的限制，教师需要在规定的时间内完成教学任务，无法面面俱到，特别关注优才生的状况。因此，在多元智力理论的应用上，教师在普通班级授课时要尽可能事先虑及对优才生的指导、安排，因此需要教师充分发挥创造力，积极备课，使用不同的教学技法和资源。

总之，多元智力理论作为一种教学指导策略还是很受优才教育领域从业者青睐的。多元智力理论为课堂内容设计、教学活动的开展、学生和教师的对话以及学生间的互动提供了重要的方法论指导。该理论强调的是个体学习风格的多元化以及学习方式的多样化，因此受到教育界的青睐，但是任何一种理论都无法适用于所有情境，多元智力理论在现实的应用中也不是万能的，也有局限性。不过，现实中，在优才教育领域适当地运用多元智力理论还是会产生丰硕成果的，有益于培养年轻的科学家。

3.2.3 "自我概念"理论

"自我概念"（self-concept）又被称为"自我认同"（self-identity），是关于自我态度的集合，包括个人的成绩、性别角色、种族认同等。[①] "自我概

---

① LEFLOT G, ONGHENA P, COLPIN H, 2010.Teacher-child interactions: relations with children's self-concept in second grade[J]. Infant and child development, 19(4): 385-405.

念"不同于表示自我认知的程度的"自我意识"（self-awareness），也不同于带有评价性质的自尊，是有关本我的认知或描述。"自我概念"由"自我图式"（self-schemas）构成，与自尊、自我认知等发生互动，包括过去、现在和未来的本我，对过去或将来本我的认知与对现在本我的认知有关。①

加拿大学者皮里特（M. C. Pyryt）和门达格利奥（S. Mendaglio）发现，资优青少年和一般的青少年存在自我概念上的差别；对教师和咨询师来说，自我知觉调查（self-perception survey）可以有效评估学生的自我概念。他们进行了自我知觉调查，从多维度和多理论视角讨论了自我概念的复杂性。测试的量表是多维度的，因为量表的结构反映出多因子进路。量表的设计也是基于多理论的，因为量表结构反映出三个重要的有关自我概念的理论视角（反思评估、社会比较、归因观点）。从操作层次上说，自我知觉调查从一些因子（包括知识、社会、运动、外貌和诚信）上界定了自我概念。②也就是说，自我知觉的调查能够反映出学生的学习动机，教师和咨询师最终可以根据测评结果进行有效的干预，进一步提升学生的学习潜能。

3.2.4　"提升多层次敏感度"理论

加拿大学者门达格利奥（S. Mendaglio）提出了"提升多层次敏感度"（heightened multifaceted sensitivity）理论，关注以自我和他人为导向的认知领域，从而有益于深化对自我意识、移情和情感经验的理解。"多层次敏感度"这一概念源于一些学者对高天赋人群的观察和描述。这里的敏感度

① MYERS D G, 2009. Social psychology [M]. New York: McGraw-Hill Higher Education：57.

② PYRYT M C, MENDAGLIO S, 1994. The multidimensional self-concept: a comparison of gifted and average-ability adolescents[J]. Journal for the education of the gifted, 17(3): 299-305.

是相对于思维意识、感受和自我行为等而言的，涉及认知和理解自我和他人内心状态的过程，结合了对自我和他人的认知和情感的过程，以此产生情绪以及进行内在的意义建构。对于自我认知来说，对内在的关注是必须的，而内省则是将意识导入人的情绪和精神状态中。当敏感度导向自我的时候就会产生元认知，即对自我认知过程的意识；当敏感度导向他人的时候就会超出我们的认识范畴，也就是以他人为导向的敏感度是有推测性的。以自我为导向的敏感度和以他人为导向的敏感度的重要区别就在于能否获得信息。我们能够直接了解自己的内心状态，有认识自我的潜能，所以能够掌控自我的心理活动，但却无法掌控他人的心理活动。我们对他人的认识源于他人的自我揭示以及我们与他人的互动。以自我为导向的敏感度很大程度上是一种元认知过程，取决于对内在状态的解释，而以他人为导向的敏感度很大程度上取决于推测的过程，源于他人的自我揭示。[①]

对于多层次敏感度来说，行为观察至关重要。对自己的行为观察以及对他人的行为观察是推测自己和他人内心状态的基础。通过自我观察，我们能够像关注他人那样关注自身，能够对自己的行为进行推论，从而提高自我理解力。以他人为导向的"提升多层次敏感度"理论强调的是，他人的行为对于我们建构对他人的认识是非常必要的。为了知晓他人的内心状态，如情感和动机的结论，我们要通过观察得到的原始数据来加以推测，也就是说，我们观察他人行为以及得出的结论同我们对他人理解的准确性有关，只是理解的准确性并非与敏感度的高低同步。有时候以自我为导向或以他人为导向的敏感度在不同的时间的结论可能是错误的，智力超凡的人也不能保证他们的推论永远正确，所以我们很容易错误地解读思维过程，特别是在观察过程中出现的错误也会影响到我们对有关问题的判断。

① MENDAGLIO S, 2003. Heightened multifaceted sensitivity: implications for counseling[J].Journal of secondary gifted education, XIV (2):72-82.

多层次敏感度是指向他人和自我的一种认知过程，个人通过观察行为以及审视自身内心状态，能够得出有关他人和自身的不同结论，但是这个敏感度是极为复杂的，包括四个层次，每个层次都指向以自我和他人为导向的敏感度，如图 3-1 所示。

多层次敏感度

	以自我为导向的敏感度	以他人为导向的敏感度
认知	自我意识	观点采择
情感	情感经验	移情

图 3-1 多层次敏感度

（1）以他人为导向的敏感度

以他人为导向的敏感度指的是我们对他人的行为、情感和认知的意识，主要指向的是观点采择和移情，也就是分别通过认知和情感维度来关注自身。[①]

观点采择的过程就是要让我们想他人所想和所感，从而理解他人的认知和情绪，可以用角色扮演来描述对他人的理解过程。通过观点采择，我们能够推测出他人的情感、意图和思想，也能够理解他人的感受。观点采择本质上是以认知为目标的。从敏感度这个层次上看，我们对他人的看法源于与他人互动过程中的信息加工，从而了解他人的动机或情感、意向性。

移情指的是对他人情感的体验，比如孩童时的情感共鸣：幼儿园一个孩子哭了，其他孩子也跟着哭。不过，与他人情感之间的移情关系会触发对观点的采择：通过感知他人的痛苦，能够更深入理解他人。由于移情所表达的含义多种多样，其在优才教育中的表现形式也是多元化的。移情强调的是一个过程，比如一个人感到难过是因为经历了移情的过程。在发展心理学中，

---

① EDMUNDS A L, EDMUNDS G A, 2004. Sensitivity: a double-edged sword for the pre-adolescent and adolescent gifted child[J]. Roeper review, 27(2): 69-77.

移情被作为情感的共鸣加以研究。对于咨询师来说，移情是理解客户的过程，如果咨询师反复感受客户强烈的负面情绪，那么咨询的效果就会受到影响，所以咨询师要平衡客户的需求和自身状态，不能陷入客户的情感漩涡。

（2）以自我为导向的自我意识和情感体验的敏感度

以自我为导向的敏感度指向我们对行为、认知和情感的思考，取决于我们对于自己意识的认知能力。客观的自我意识可以分为自我意识和情感体验两个层次。路易斯（M. Lewis）将情感体验视为以自我为导向的敏感度的本质：情感体验是对个体感知到的情感状态进行解释和评估。[①] 在他看来，无论是否感受到情感状态和情感表达，它们都是客观存在的。如果没有意识到心理的变化，就无法解释和评估情感状态和情感体验。

自我意识和情感表达既相似又有差异。自我意识是对自己的认知和行为的意识，情感体验是对情感的意识。与情感经验相反，自我意识并非解释和评估的过程所固有的。也就是说，在没有解释和评估的情况下，我们就已经意识到内在的刺激了。可以肯定的是，自我意识往往会导致解释和评估过程，比如通过自我意识，我们意识到自己的行为，从而确定行为发生的原因。自我意识是情感体验所固有的，需要一定的解释和评估。从情感的角度上看，对情感状态的感知是必要的，情感发生的情境需要得到解释和评估，从而产生情感体验。

（3）多层次敏感度：内隐的情绪调节

多层次敏感度理论源于认知和发展心理学。如前所述，多层次敏感度由观点采择、移情、自我意识以及情感体验构成。观点采择、移情、自我意识和情感体验都受到个人发展的影响。意识是感知力的基础，而多层次敏感度主要是一种内隐的过程。也就是说，观察者无法察觉多层次敏感度，能察觉的只是其表现方式。在日常生活中，敏感度的层次可能以单一的形

---

① LEWIS M, 2000. The emergence of human emotions[M]//LEWIS M, HAVILAND-JONES J M. Handbook of emotions. New York: Guilford: 265-280.

式或多种形式呈现。一个人通过观点采择以及移情作用可以意识到他人的态度和情感，从而产生移情效应，间接地感受到他人所感。这样的互动也会使自己对自身情境陷入自我意识中。在独处的时间里，我们都会陷入自我意识，思考自己日常生活中的情感体验。

多层次敏感度理论最重要的意义在于其同情感的相关性，比如移情、观点采择和自我意识，是指人在外在或内在刺激的互动作用下产生情感。移情会使我们与他人感同身受。观点采择和自我意识都是认知的过程，都会使人产生情感。观点采择、移情和自我意识使我们产生情感，情感体验反映了我们感知情感状态的能力。多层次敏感度理论的内在理路如图 3-2 所示。

我们的情感表达受许多因素影响，包括文化因素以及情境因素。情感体验促进了情感表达，但情感体验并非一定能够引起情感表达。情感表达并非多层次敏感度的一部分，在图 3-2 中之所以有"情感表达"，是为了区别情感经验和情感表达。

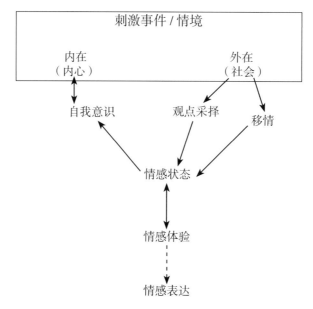

图 3-2　多层次敏感度理论的内在理路

（4）提升多层次敏感度：优才生和敏感度

提升多层次敏感度理论的一个基本假设是多层次敏感度与智力有关。天赋高的人智力水平高，而且有较高的多层次敏感度。实际上，这意味着多层次敏感度的变化与智力有关。提升多层次敏感度被认为是天赋极高的人与生俱来的能力。社会环境能够影响这种敏感度，但这种敏感度显然不同于由环境带来的高层次敏感度。提升多层次敏感度并不能使有天赋的人更优越。与提升多层次敏感度有关的积极结果涉及同情心、利他主义以及人格发展。然而，这种敏感度与善良并不相关，就像很多天才利用他们的才智做违法的事。此外，提升多层次敏感度并不等同于对自我和他人能正确认知和解释，对他人心理状态的推测实际上是猜测。

门达格利奥提出优才生咨询的概念，关注敏感度特征。他强调要强化有天赋的学生的情感，旨在促进学生之间的互动。有天赋的儿童的情感反应很强，而咨询师对这些反应的响应会很大程度上影响孩子在情感表达中的学习。[①] 因此，咨询师需要考量优才生的这些细微的重要情感特征。门达格利奥对资优学生咨询师提出了几条建议：第一，需要验证优才生对天赋的期盼和态度。第二，咨询师要胜任自己的角色。优才生通常会向与其工作的成年人发出挑战，如果对专业知识把握不够的话，成年人会很有压力。第三，适当的情感表达会有助于消解优才生的复杂情绪。第四，对优才生的情感表达必须做出反应。咨询师越理解提升敏感度的意义，就越能接受优才生的情绪。第五，通过非口头线索，掌控学生情绪。这有助于咨询师在学生无法表达情绪时，准确推测出他们的情感需求。第六，优才生的共同特征是敏感度提升，因此要规范学生行为，并鼓励学生表达自己的观点。第七，避免批评或减少情感表达。

---

① MENDAGLIO S, 2003.Heightened multifaceted sensitivity:implications for counseling[J].Journal of secondary gifted education, XIV (2):72-82.

3.3 优才教育研究的两种解释模式

3.3.1 神秘模式

何为天赋？很多学者很快就能给出定义。实际上，有关天赋或优才这类概念，从孩子、家长和教师的角度进行解读是有别于从专家和学者的角度进行解读的。如一些老师对天赋的认知是：比其他人更聪明就是有天赋的，学习能力强就是有天赋的，又或是 IQ 较高就是有天赋的。这类说法实际上反映的是天赋的"神秘模式"（mystery model），其共性是，优才生的潜力是先天的、神秘的，他们因为有着超常的智力，所以能够在 IQ 测试中取得很高的分数，而且长时间内他们都能维系这种能力。相对于优才教育来说，神秘模式是内隐的。很多孩子仅仅因为 IQ 测试分数高就被认定为是有天赋的，并不是因为有特殊的能力就被视为是有天赋的。实际上，不同孩子的能力有很大的差异，借助"神秘模式"很难准确地确定何为天赋，也无法准确依照优才生的需求进行课程设计。[①]

3.3.2 精通模式

在现实生活中，很多学生会认为自己在某些领域更出色，或认为做了不该做的事儿，又或是抱怨学习枯燥，特别是不喜欢学数学。这些说法实际上反映的是天赋的"精通模式"（mastery model）。精通模式适用于特殊

---

① MATTHEWS D J, FOSTER J F, 2005. Mystery to mastery: shifting paradigms in gifted education[J]. Roeper review, 28(2): 64-69.

的教学实践，强调特别关注在特定时间中学生个体的学习差异。也就是说，在这个模式下，孩子如果对某门学科的需求更高，那么这个孩子是有天赋的。除非学校为了这些孩子的学习需求重新调整课程设计，否则这些孩子的发展将会受到限制。从精通模式看，孩子的天赋并不神秘，学校要根据特殊学生的需求，适时地调整课程内容。当然，精通模式指向的是智力超常，但还包括其他方面的特殊才能，如精湛的演唱技巧、卓越的运动细胞、领导才能或其他具有社会价值的能力。当然，天赋还受社会和情感因素的影响，比如我们从社会和情感的维度关注到，天赋受到智力和感官机能等因素的影响。精通模式更多关注的是孩子在校期间的情况，认为天赋的本质在于认知。

3.3.3 精通模式和神秘模式的比较

（1）起源

大多数教育工作者都认为，遗传倾向（先天）和环境（后天）均是影响智力的重要因素。这种神秘模式强调了先天成分，认为天赋是与生俱来的，某些孩子生下来就有某些天赋，就像一些人生下来就有成为优秀运动员的天赋。从精通模式看，两者并不相关，这是因为精通模式致力于发现每个孩子最佳的学习方式。在精通模式下，教育工作者在讨论智商能力时往往更强调学生的学习机会，这就是"后天"因素。

（2）持续时间

即动态或时间因素。神秘模式强调的是从生到死的一种智力优势，即一旦有天赋，总会有天赋的。精通模式强调了在教育过程中需要关注天赋，其并没有对天赋持续时间做出假定，这是因为天赋随着对特殊教育计划需求的变化而随时发生变化。

（3）领域专长

即领域优势。神秘模式鼓励关注整体智力的发展水平，假定天赋涉及大多数或所有领域，认为"他是有天赋的"意味着其在所有领域中均是卓绝的，从读地图到破译莎士比亚的十四行诗，再到学习高等数学。精通模式强调的是，在不同领域中每个人的知识能力是不同的，也就是说，一个人在代数上有天赋，但不意味着其在解读地图或理解莎士比亚上有天赋。在精通模式下，天赋总是与特定领域的才能联系起来。

（4）时间

神秘模式确定了怎样的孩子是有天赋的，怎样的孩子是没有天赋的。越早认定孩子的天赋就越对孩子有利。精通模式关注修正教学内容中与孩子能力的不匹配之处，强调超常学生的教育需求，天赋的确定被视为一种正在进行的过程——儿童教育的重要部分。越来越多的教师转向精通模式，主张天赋的认定和评估的过程是持续性的。

（5）测量方法

从历史上看，优才教育神秘模式的测试方法是 IQ 测试。对于接受精通模式的教师来说，认定学生天赋的最佳方式在于使用多重的测量技法，包括结合动态的课堂评估、知识推理的测试以及借助父母提供的信息，使得课程体系与学生的学习需求相匹配。

（6）认定识别

从神秘模式看，认定优才生的实践与教育计划是分开进行的。在某些评估中，依照 IQ 测试的分数，一些学生被认定为是有天赋的，这种认定被应用于优才教育计划中。实际上，现实生活中更多采用的是精通模式，对优才生的认定与教育目标决策和教育计划相关联，也就是要明确青少年在优势领域和劣势领域的不同，之后设计出适合他们的学习课程并为他们提供适合的学习机会。

（7）配置和课程

在神秘模式下，课程的设置要与学生的天赋能力相匹配，或进一步激活学生的某种天赋。优才生会在一段时间内请求专业教师或在常规课程中的教学内容上做适当拔高，或提出更具挑战性的工作。不过，很多教师由于缺乏相关的培训，在实际工作过程中也遇到不少困难。在精通模式下，很多学校会成立特长班，课程配置取决于学生的特殊需求，尽可能使教学计划与学生的需求相匹配。

（8）连贯性

在神秘模式下，天赋的界定与实际的课程计划和认定之间并没有太大的联系，也就是说，天赋的界定、优才生的认定以及教学计划是分开进行的。在精通模式下，教育计划的建议是基于对学生学习需求的理解，天赋是通过多方面认定过程加以评估的，天赋的界定、优才生的认定以及教学计划是结合的、彼此依赖的，形成了一个连贯的体系。

（9）精英主义和政治影响

在神秘模式下，许多教师因为优才生问题会遭到某些精英的指责。相对来说，精通模式与特殊的学习需求有关，所以教师不太可能会遭受来自社会、政治以及经济上的压力。优才生会根据自己的特殊需求选择相应的课程，所以对学生本身发展来说是适合的，教师压力相对较小。

（10）评估

评估在优才教育中十分重要。在神秘模式中，由于优才生的认定方式是定量化的，因此评估采取的是使用者满意度测量方法。无论学生、家长还是教师都会对优才教育满意度给予反馈，受政治影响较大。在精通模式中，优才教育评估是更客观的以及具有保护性的。在科目对科目的基础之上，教师要思考这些课程计划是否与孩童学习需求相匹配？精通模式强调个人的天赋是流动的和相对的，领域优势很重要，要从现实角度界定天赋，因为除了在某个时间或特殊领域中的一般成就外，天赋是不好判断的，是会变化的，因此评估采取的是学习的理论和认知测量方法。精通模式符合孩子们在特殊学科的能力要求，因为课程计划是具有包容性的，所以该模式是确定孩子是否是有天赋的有效方式。

有关神秘模式和精通模式的比较，见表 3-1。

表 3-1　神秘模式和精通模式的比较

因素	神秘模式	精通模式
起源	强调先天（遗传）成分	强调后天因素
持续时间	静态的，"一旦有天赋，就一直有天赋"	动态的，一段时间后发生变化
领域专长	大多数知识领域	特定领域，如数学天赋
时间	尽可能早	进行中，随需求而定
测量方法	智力测试、测试量表、创造力测试	高层次的理论推理测试以及动态教学评估，加之 IQ 测试
认定识别	与教育计划分开进行	与教育目标决策和教育计划相关联
配置和课程	与学生的天赋能力相匹配	与学生的需求相匹配
连贯性	天赋的界定、优才生的认定以及教学计划关联不大	天赋的界定、优才生的认定和教学计划是连贯的整体
精英主义和政治影响	受影响较大	受影响较小
评估	使用者满意度测量	学习的理论和认知测量

3.3.4　优才教育新取向：向精通模式转换

美国较早开始关注孩子在特定领域的能力。朱利安·斯坦利（Julian Stanley）及其同事的研究进一步推动了优才教育从神秘模式向精英模式的范式转变。1982 年，罗宾逊（N. M. Robinson）等为天才学生提供了大量的选择，使教学计划同个体学习需求相匹配。在接下来的几年中，霍华德·加德纳（Howard Gardner）提出了"多元智力"（multiple intelligence）理论，改变了教育工作者对孩子智力的思考方式。1989 年，博兰（Jim Borland）发表了《规划和实施天才项目》（Planning and Implementing Programs for the Gifted），用相似的术语探讨了优才教育。他提出了与精通模式相符的七条原则，为优才教育奠定坚实的基础：（1）优才教育是一种特殊教育；（2）对于与目前学生的教育需求相关的教学实践的变革；（3）不同区域的不同学校对学生的教学方式不同；（4）单一的教学计划无法适合所有学生或所有学校；（5）优才教学计划的设置要建立在正式和非正式的测量和评估基础之上；（6）优才生的学习需求可以从他们的同龄人或同学的经验中得到证实；（7）优才教育的课程要强调的是知识习得的过程。[①] 迈克尔·豪（Michael Howe）的《非凡能力起源》（*The Origins of Exceptional Abilities*）进一步探讨了转向精通视角的必要性。[②]

　　优才教育精通模式的重要元素涉及优才发展的方法和课程模式的整合。兰祖利提出的三合充实模式（enrichment triad model）为优才教育研究提供了一条进路，从而为从神秘模式向精通模式的转换搭建了桥梁。[③] 近年来有不少研究阐述了向精通模式转换的必要性，强调了建构有关优才生特殊能力的理论的必要性。另外，对孩子特定领域专长的深入研究越来越多，这实际上也是从神秘模式向精通模式转变的重要例证。

---

① BORLAND J H,1989. Planning and implementing programs for the gifted[M]. New York: Teachers College Press：48.

② HOWE M J A, 1990. The origins of exceptional abilities[M]. Oxford: Blackwell：140.

③ RENZULLI J S, 1982. What makes a problem real: stalking the illusive meaning of qualitative differences in gifted education[J]. Gifted child quarterly, 26(4): 147-156.

4

国际优才教育研究的
传统理路探析

传统的优才教育研究以动机为基础，构建理论图谱，融汇了学习动机与期盼价值理论、无意识流和自决的动机理论、以学习和成就为核心的目标理论、自我效能理论和归因理论，构建了以动机为导向的理论模型，包括学习路径和评估的关系模型、自我调节学习模型、内在催化因素的综合模型，以及有关动机的TARGET 理论模型，形成以环境催化因素为导向的知识谱系。

4.1   以动机为基础的研究进路思想图谱

很多教育心理学家一直困惑的是，很多优才生虽然学习天赋极高，但成绩却不理想，究竟是为何呢？在半个世纪之前，戴维·麦克利兰（Dayid McClelland）等学者就做了相关的研究，认为想要找到问题的突破口就必须审视一些非智力因素，特别要注意的是成就动机。[①] 那么动机又如何同人的天赋有关呢？动机的哪些方面能够影响一个人天赋的发挥？优才生的动机特征如何？在心理学层面上，很多研究探究了孩子和成人的动机与天赋之间的必然联系，甚至许多天赋和优才的界定都是基于动机特征的角度；在教育或环境层面上，许多研究验证了与成就动机有关的变量，并作为优才教育计划和实践的重要依据。实际上，这两种维度对理解优才生的动机很重要，将两种模式综合起来形成统一的理解框架至关重要。

现代动机理论往往是从认知的角度建构出来的。行为主义的机械论认为，动机是源于奖励或惩罚的行为意向。从心理分析的角度看，动机是受到无意识的驱动。从认知科学的角度看，个体能够对自身进行认知以及能够解释自身的情境，并做出行为选择。从优才教育的研究来说，优才教育的传统理路大多遵循以动机为基础的路线。

4.1.1   融合学习动机与期盼价值理论

期盼价值理论的建构一定程度上源于阿特金森（J. W. Atkinson）有关

①   MCCOACH D，SIEGLE D, 2003. The structure and function of academic self-concept in gifted and general education students[J]. Roeper review,25(2): 61-66.

成绩动机的研究。[①] 期盼是个人对成功完成任务的信念；价值是个体对参与特定任务的因果关系的判断。当我们认为任务值得完成时，就产生行为动机并期盼行为结果。自我效能理论以及归因理论等都与期盼有关。艾克尔斯（J. S. Eccles）等建构了"综合期盼价值模型"（comprehensive expectancy-value model）。该模型的构件包括期盼和价值判断等。期盼包括学生对成功完成任务的信心，期盼值的高低与个人的动机以及完成的结果有关，价值判断包括对完成任务的兴趣以及权衡任务完成的利弊。[②] 从优才教育期盼研究角度看，大多数天赋极高的学生都期盼在学习过程中表现优异，但问题是，如果这些学生在某个领域天赋极高但被置于快班中就会出现很多问题，比如在数学上有天赋的学生可能在语文的学习上对成功的期盼值就低。在价值判断方面，一些成绩优异的优才生很可能愿意积极参与到课堂任务中，而另一些优才生会因为任务简单或不感兴趣而不愿意参与任务。

西格尔（D. Siegle）等构建了一个有关优才生的动机模型，使其同期盼价值理论框架相符，其中涉及四个要素：目标评估、自我效能、环境感知和自我调节。[③] 帕特里克（H. Patrick）等指出，青少年动机的研究还包括对任务成功完成的期盼以及对任务的价值判断。[④] 因此，对于优才生来说，教育工作者要从期盼价值理论的角度充分虑及他们的学习动机，要尝

① ATKINSON J W, 1964.An introduction to motivation[M]. New York: American Book-Van Nostrand-Reinhold:152.

② ECCLES J S, WIGFIELD A，SCHIEFELE U, 2005. Motivation[M]// EISENBERG N. Handbook of child psychology. New York: Wiley:162.

③ SIEGLE D , MCCOACH D B.Making a difference: motivating gifted students who are not achieving[J]. Teaching exceptional children,38(1): 22-27.

④ PATRICK H, GENTRY M，OWEN S V, 2006. Motivation and gifted adolescents[M]// DIXON F A，MOON S M. The handbook of secondary gifted education.Waco, TX: Prufrock Press Inc.:165-195.

试将教学任务同学生接受挑战的能力相匹配，让学生了解到目前他们不感兴趣的课题可能对他们的未来有积极的影响，从而让学生重视课堂学习。

4.1.2 思考无意识流和自决的动机理论

动机通常分为两种：内在动机和外在动机。就学习而言，如果个人受到内在动机驱动则对学习好奇和感兴趣；如果个体受到外在动机驱动，则更重视的是学习的成绩或奖励，而不是学习的过程。学习一般受到内在动机和外在动机的综合影响，但动机的强弱会因学习任务的情况不同而不同。内外动机的变化取决于个人所处的学习环境。一些研究人员发现，有天赋的学生内在动机分数更高，如戈特弗里德（A. E. Gottfried）发现，IQ分数高于 130 分的学生的内在动机要强于一般学生。[①]

美国心理学家米哈伊·契克森米哈伊（Mihaly Csikszentmihalyi）提出了"心流"理论（theory of flow），他将"心流"（flow）界定为：当个体能力和挑战的任务相匹配时就会产生一种与内在动机有关的深度参与的心理状态。当挑战的任务和个人的能力相匹配时，个体就会对任务产生兴趣，从而产生一种"无意识流"的心理状态，产生积极的情感反馈。当一个学生觉得完成学习任务过于轻松时，就很难产生这种心理状态或激活他们的内在动机。[②] 德西（E. L. Deci）等发展了自我决定理论（self-determination theory）。该理论的核心在于个人要有"自主意识"（sense of autonomy），也

---

① GOTTFRIED A E, ALLEN W G,1996. A longitudinal study of academic intrinsic motivation in intellectually gifted children: childhood through early adolescence[J].Gifted child quarterly, 40(4): 179-183.

② CSIKSZENTMIHALYI M,1990. Flow: the psychology of optimal experience[M]. New York：Harper and Row:125.

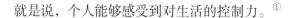

就是说，个人能够感受到对生活的控制力。①

优才教育的意义在于其关注学校和家长如何对优才生进行评估反馈。这些反馈旨在鼓励学生通过自己的努力获得成功和掌握独立解决问题的能力，从而提升学生的自决力。教师提供的反馈信息要更具体，比如需要改进的地方，而不是仅仅给出负面的评价。对优才生而言，同欣赏他们的老师一同工作以及同与他们能力相仿的学生合作，对于培养他们的社会情感能力有重要的意义。

当然，对于一些有天赋但成绩不好的学生来说，内在动机的激发也很重要。内在动机的变量包括很多，如强烈的求知欲、对课余的创意活动感兴趣等。为了提升这类学生的学习成绩，家长和教师需要强化他们的内在动机，使他们的综合能力得到发挥。

4.1.3　强调以学习和成就为核心的目标理论的划界

学生的目标方向与学习的成绩和学习环境有着密切关系。一般来说，目标理论主要包括两大类：以学习为目标和以成绩为目标。以学习为目标通常关注的是学习的过程，对学习的主题更深入地了解；以成绩为目标主要是以自我为中心，希望个人的表现要优于其他人。学生是否选择以学习为目标或以成绩为目标完全取决于他们的学习环境。德韦克（C. S. Dweck）在智力的实体理论研究中提到了"思维状态"（mindset）。根据智力的实体理论（entity theory of intelligence），人的能力是与生俱来的，能力强弱是固定的，跟个人努力没有丝毫关系；依照智力的增量理论（incremental theory of intelligence），智力是可变的，后天的努力和学习对智力的开发颇

---

① DECI E L，RYAN R M, 1985. Intrinsic motivation and self-determination in human behavior[M]. New York: Plenum:137.

有助益。[①] 他认为，不能盲目地称赞优才生的天赋是与生俱来的，不能认为他们之所以成绩突出是因为他们有优良的基因，这是非常危险的。优才生非常害怕失败，因此他们的自我保护意识特别强，很怕被人认为自己能力不够。但资质很高的孩子也要学会接受挑战，只有通过努力才能获得较高的成就。

4.1.4 挖掘自我效能理论和归因理论的意涵

动机理论涉及在期盼价值理论框架下的自我认知。"学业自我概念"（academic self-concept）和"自我效能"（self-efficacy）是有关某些领域或某些任务中的能力判断的两种理论依据。[②] "学生自我概念"是针对特定领域的，如对语言学习的特殊能力；"自我效能"则是针对特殊任务而言的。两者彼此关联但各有特殊的目标指向。"自我效能"实际上是个体对能否成功完成特殊任务的信心评估。也就是说，"自我效能"不仅涉及个体对熟悉的领域和任务的能力评估，还涉及对能否成功完成特殊任务的特殊能力的评估。学生必须感知到自己的技能随着时间的推移而加强，即提升"自我效能"。优才生很可能在"学业自我概念"和"自我效能"上的能力水平较高。不过，米口奇（D. B. McCoach）等人的研究发现，很多资质高的学生成绩不好，虽然这些资质高但成绩不好的学生在动机和自我调节测试上得分较低，但他们与资质高且成绩好的学生相比，在"学业自我

---

① DWECK C S, 2012. Mindset: how you can fulfill your potential[M]. London:Constable & Robinson Limited:58.

② ALEXANDER J M，SCHNICK A K, 2008. Motivation[M]//PLUCKER J A，CALLAHAN C M. Critical issues and practices in gifted education: what the research says. Waco, TX: Prufrock Press:423-447.

概念"上并无差别。^①

归因理论认为个体能够自然而然地发现自己成败的原因，而成败的原因会在一段时间内随着内外因素和可控能力等的变化而变化。对于学生来说，学习任务完成得成功或失败直接影响到他们未来面对类似任务的态度。成功作为积极因素能使个体对完成任务更有信心，而且成功的重要原因在于学生具备完成任务的相应能力。失败可能因为学生缺少相关的能力或运气不好，任务完成的结果并非学生可控的。优才生往往更能针对任务完成的情况进行总结，找出原因，比如成功是因为个人的能力强和努力，失败是因为运气不好或策略选择不当。

4.2　以动机为导向的理论模型构建

4.2.1　学习路径和评估的关系模型

课堂教学目标要适应教与学的情境。特纳（J. C. Turner）等人指出，目前的动机理论并不能解释课堂的教学实践，因为这些理论很少聚焦于课堂环境的研究。实际上，有关动机的研究应该强调的是认知和信息加工的框架，而不是动机的行为模式框架。因此，有关动机的认知视角应该虑及的是影响行为的心灵调节过程，关注学生为何选择参与某项学习任务，从

---

① MCCOACH D B，SIEGLE D, 2003. The SAAS-R: a new instrument to identify academically able students who underachieve[J]. Educational and psychological measurement, 63(3):414-429.

而解释发生在复杂教学环境下的高阶学习的原因。①

根据目标理论，以目标为导向的动机包括：能力动机、任务动机、获得社会认可的动机。许多优才生为了获得社会的认可并没有让自己表现异常，所以相关研究应该特别虑及优才生获得社会认可的动机。

学习路径指向的是一种基于环境因素和内在因素互动的定性的学习模式。一般来说，学习分为"表层学习"（surface learning）和"深层学习"（deep learning）两种。② 表层学习就是指学生能够简单地回忆文本或文本的主题思想，但无法重新解读文本；深层学习就是指学生能够有深度地解读文本，从整体主义视角将新旧知识整合起来。

比格斯（J. Biggs）描述了一种结合目标动机理论和策略的学习路径，这是虑及学生解决问题的特有偏好所提出的第三种学习路径。在他看来，表层和深层学习描述的是学生参与学习任务的方式，但是没有虑及学生如何参与到任务内容中来，忽视了学习路径以及资源管理之间的联系，因此从动机入手思考表层学习和深层学习之外的第三种学习路径至关重要。在他看来，很多学生的学习是"以实现目标为导向"的学习。③ 也就是说，学生为了满足课程考核的需要而改变自己的学习策略，因此思考在教学目标和实现评估中出现冲突的情况下学习的方法，除了思考表层和深层学习之外，还要思考以实现目标为导向的方法，因为很多学生会在以实现目标为导向的学习过程中把自身的潜力发挥出来。一些成绩非常优异的学生往

---

① TURNER J C, MEYER D K,1999. Integrating classroom context into motivation theory and research[M]// URDAN T C .The role of context. Stamford, CT: Jai Press Inc:87-122.

② ENTWISTLE N,1988.Motivational factors in students' approaches to learning[M]// SCHMECK R R .Learning strategies and learning styles. NY: Plenum Press: 21-52.

③ BIGGS J,1987a. Learning process questionnaire manual[M]. Hawthorn: Australian Council for Educational Research:25.

往综合了深层学习路径和以目标为导向的学习路径。

学习的三种路径模型往往被用来测量学生的学习偏好。比格斯对这三种学习路径的解释是：深层学习是探索学习任务之外的知识，将信息同他们早先的知识框架结合；以目标为导向的学习，关注的是必须学习的内容，这样才能通过测试，但往往没有过多将先前的知识和现有的信息结合；表层学习只是机械地接受知识，依靠死记硬背学习，没有将现有的知识和已有的认知联系起来。[①] 在此需要说明的是，依靠死记硬背学习和深刻记忆不同。前者并没有深入理解内容的意图，而深刻记忆有深入理解相关理论和概念的意图，许多工科背景的学生使用深刻记忆的学习策略。

当然，学习的三种路径产生的结果也不尽相同。

首先，从表层学习看，传统的自然科学教学模式往往使学生接受的是表层的学习，往往注重的是依靠死记硬背习得知识。表层学习中学生更重视的是外在的奖励，当学生将知识应用到实践过程中就会遇到困难。

其次，从以实现目标为导向的学习路径看，学生往往为了成功不惜一切代价，甚至考试抄袭等，对合作学习产生消极影响。传统教学强调的是学生的考试分数，对于学生来说，目标在于取得很高的分数。因此，以实现目标为导向的学习路径往往看重教师对学生的学习成绩和能力的评估，据此，学生往往追求学业上的成功，成绩不高的学生被认为是智力水平不高的，最终可能会产生自卑等不良心理。在这种学习路径下，学生往往追求的是学习的技能以及对时间的有效利用。

最后，从深层学习看，学生通过运用所学的知识进行深入的思考以及完成复杂的任务，有很强的目标感，具备较强的学习能力。教师需要在课

---

① BIGGS J,1988. Approaches to learning and essay writing[M]// SCHMECK R R. Learning strategies and learning styles . NY: Plenum Press:185-228.

堂教学中协调好教学实践与学生目标导向之间的冲突。当代认知科学的研究往往鼓励用新的教学模式取代传统的模式，鼓励学生深入学习和思考问题，让学生能够用科学的语言把握概念关系。也就是说，对于深层学习来说，首先要虑及学生的深层学习动机，要为学生安排有挑战性的任务。学生将教师视为学习过程中的"助力者"，帮他们将不理解的知识和已经掌握的知识架构关联起来。深层学习路径下，学业失败被解释为努力不够或学习的策略不当，智力水平被解释为动态的，即随着个人的努力和知识接受水平的变化而变化。深层学习路径对学习会产生持久的影响，遵循这类学习路径的学习者持有乐观和持之以恒的学习态度，他们能够识别学习的内在价值，并设定合理的学习目标。梅兰比（J. Mellanby）等人的研究显示，顶级的高校中很多学生遵循的是深层学习路径。[①]

学习的三种路径是彼此独立的，但对于个体来说，在学习实践中可能遵循其中的两种路径。比如，很多成绩优异的学生就兼具深层学习特质和以目标实现为导向的学习特质。马顿（F. Marton）注意到学习路径和学习结果之间的关系显著，他认为深层学习要比表层学习更能提取抽象的学习信息和资料，深化对内容的认知。[②] 表层学习注重的是知识习得的宽度，而非深度。优才教育教学实践中，应该推动学生深层学习，试着去除导致浅层学习的情景因素，为了实现目标而进行深层学习的方法最为有效。完整的学习路径和评估关系模型见图 4-1。

① MELLANBY J, CORTINA-BORJA M，STEIN J, 2009. Deep learning questions can help selection of high ability candidates for universities[J]. Higher education,57：597-608.

② MARTON F,1988. Describing and improving learning[M]//SCHMECK R R.Learning strategies and learning styles. NY: Plenum Press:53-82.

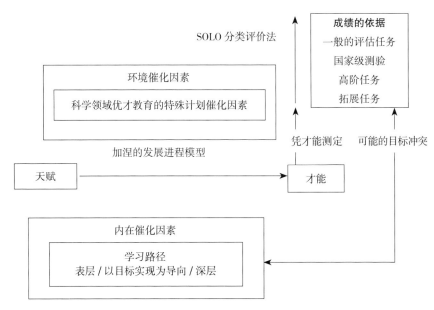

图 4-1　学习路径和评估的关系模型

比格斯还提出了"3P"教学模型，强调的是教与学实践过程中的建构主义视角。教师在教学过程中要积极反思的是教学课程内容、教学方法、评估和报告过程、课堂互动的氛围以及规章守则等。实际上，对于优才生来说，即使他们在不太理想的教学系统下，也可以自然而然地进行高阶思考，这些优才生除了接受课堂教学知识外，还会依照"3P"模型激活自身的学习模式。然而，如果教学内容、教学方法等方面并不匹配，就会带来教学困境以及使优才生进行浅层学习。

4.2.2　自我调节学习模型

提及自我调节学习模型，我们首先需要厘清三个概念，即自我调节 (self-regulation)、自我调节学习 (self-regulated learning) 和元认知（metacognition）。自我调节指面对环境刺激时人类对自身思维和行为的控制。当这个环境指向教室或学习情境的时候，自我调节的反应便是自我调节学习。元认知被界定为对自己的感知、记忆、思维等认知活动本身的再感知、再记忆、再思维。[①]

自我调节学习（self-regulated learning, 简称 SRL）模型与外部调节学习模型不同。自我调节模型源于班杜拉（A. Bandura）的社会认知理论（social cognitive theory）。[②] 该理论强调的是互惠作用机制，就是说，SRL 中涉及的每个要素（如环境、人格、行为）彼此是相互作用的，如图 4-2 所示。

图 4-2　社会认知理论

自我调节学习模型主要围绕价值观（value）、期盼（expectancy）以及情感（affective）这三个行为调节的动机建构。[③]

价值观指的是学生为了实现任务目标，对任务本身的兴趣和态度。对于学生来说，这种动机实际上指向的是学习的路径，如深层、浅层以及为了实现目标而学习的路径。遵循深层学习路径的学生往往会更愿意参与到学习任务中来，实施更为有效的认知策略和管理。

期盼指的是学生对完成任务的信念以及对自身表现的态度。期盼也被

① BIGGS J,2002. Aligning curriculum to support good learning: imaginative curriculum symposium[M].York, England: LTSN Generic Centre:28.

② DINSMORE D L, ALEXANDER P A, LOUGHLIN S M, 2008. Focusing the conceptual lens on metacognition, self-regulation, and self-regulated learning[J]. Educational psychology review, 20: 391-409.

③ BANDURA A,1997. Self-efficacy: the exercise of control[M]. NY: W.H. Freeman and Company:142.

解释成与自我调节学习有关的学习的自我效能。反复的自我调节有助于提升学生的学习能力以及对自我效能的感知。学生通过自我调节的过程提升学习的技能，以及通过自我效能的改进提高学习成绩。

情感指的是学生对任务的情感反应。课堂上，学生最常见的情感反应是对能力评估的担忧。卡温顿（M. V. Covington）建构的成就动机的自尊理论（self-worth theory of achievement motivation）表明，因为个人认识到社会将成就和价值画等号，所以个人在自尊的基础上试图维系对正向能力的认知。[①]对学习的自我认知包括内在的比较（如自己某个学科领域和其他领域成绩的比较）和外在的比较（如班级同学间的比较）。学生入学后通常认为自己的学习能力在下降，特别是在看到班级的考试成绩排名等后，同时情绪随着成绩的高低发生正向或负向波动。待学生再年长一些，就能够更好地区分能力和努力之间的关系。自我调节学习和自我效能关系模型详见图4-3。

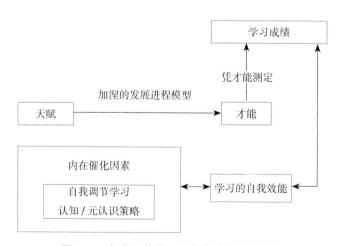

图4-3　自我调节学习和自我效能关系模型

齐默尔曼（B. J. Zimmerman）认为，自我调节学习经历了三个阶

---

① COVINGTON M V, 1984. The self-worth theory of achievement motivation: findings and implications[J]. The elementary school journal, 85(1): 5-20.

段：前瞻思维（forethought）、表现（performance）以及自我反思（self-reflection），如图 4-4 所示。

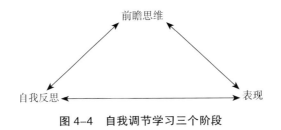

图 4-4 自我调节学习三个阶段

（1）前瞻思维阶段：主要指学生要事先分析学习任务、设定目标以及制定学习策略的阶段。在此阶段，学生参与学习任务，要具备动机、对成就的认知等。

（2）表现阶段：主要指学生要做好自我控制的阶段，包括课堂互动过程中使用认知学习策略，通过系统的规划，获取信息并完成任务。学生通过不同的认知策略完成不同的任务：叙述（如朗读等）、阐述（如归纳、类比、提问和解释等）、组织（如找主题思想、总结、学习收获、描述概念等）。自我调节学习的一个重要策略在于信息转化，其中涉及学生表述概念及其相关性的技能，以深层学习路径为基础。另一种策略是资源管理策略，如学习时间的管理、对周围环境以及他人的管理。[①] 求助是学生自我调节的一种方式。对课堂的不同认知会影响到学生在求助过程中的舒适度。学生如果同教师的关系良好，就会愿意在学习过程中参与教学讨论或提出问题。通过求助学习，学生更能够掌握所学的知识。优才生往往更愿意向父母求助，因此，家长对孩子的自我调节以及学习成绩都起到直接的作用。

---

① PINTRICH P R, SCHRAUBEN B,1992. Students' motivational beliefs and their cognitive engagement in classroom academic tasks[M]// SCHUNK D H，MEECE J L. Student perceptions in the classroom. Hillsdale, NJ: Lawrence Erlbaum Associates, Inc.:149-183.

自我调节学习需要学生具备以下几种知识：陈述性知识（declarative knowledge，如策略是什么）、过程性知识（procedural knowledge，即如何利用策略）和条件性知识（conditional knowledge，即策略在何时发生作用以及为何奏效）。[①]对于学生来说，能否很好地应用自我调节学习策略的关键影响因素在于对课程内容的掌握。一般来说，学生由于不理解复杂的任务要求，无法选择适当的学习策略或没有很好地在学习过程中应用策略。

（3）自我反思阶段：主要指学生意识到自己认知过程（元认知）的阶段。[②]学生观察先前的表现来判断自己的能力。元认知工具包括概念图、流程图、语义网络、三角图等，有助于学生掌控自己对主题内容的思考，能够激发学生的反思、对话以及对概念的重构，有助于学生对知识点的回顾。学生的自我调节为认知策略和学习结果之间建立起元认知联系，而元认知策略可用来计划、监控、调节学习：这里的计划涉及确定学习目标、提出问题和分析问题；这里的监控关注的是个人的理解、注意力以及自我测试等，调节学习与之相关，比如在对每个段落不太理解的情况下回过头来细读。元认知活动帮助学生制定认知策略和激活先前的认知图式，从而使他们能够更好地理解教学资料。学生借助元认知工具能更好地反思和重构对知识的理解、回顾知识。通过反思，学生的条件性知识水平得到了提升。

---

① PARIS S G, BYRNES J P, 1989.The constructivist approach to self regulation and learning in the classroom[M]// ZIMMERMAN B J,SCHUNK D H. Self regulated learning and academic achievement theory research and practice: progress in developmental research. NY: Springer-Verlag New York Inc.:169-200.

② ZIMMERMAN B J,2004. Sociocultural influence and students' development of academic self-regulation: a social-cognitive perspective[M]// MCINERNEY D M, VAN ETTEN S.Research on sociocultural influences on motivation and learning: big theories revisited. Greenwich, CT: Jai Press Inc.: 139-164.

4.2.3 内在因素催化作用的综合模型

卢埃达（R. Rueda）等人认为，学生动机的变化实际上源于学生的信念或自我感知的变化。[①] 这样看来，将动机理论同课堂实践关联起来十分必要，也就是说，应将学习路径、自我调节学习以及自我效能整合到统一的概念框架下。内在因素催化作用的综合模型如图 4-5 所示。

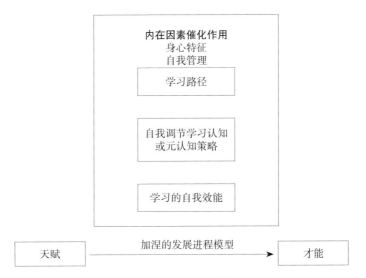

图 4-5　内在因素催化作用的综合模型

（1）优才生自我调节学习和学习路径

目标导向是元认知意识以及运用元认知策略的基础。学生的目标导向应从个体的角度加以理解，因为学生能意识到参与学习任务的理由以及知道自己要完成的任务。深层的学习路径接受度最高，因为与长期的、

---

① RUEDA R,DEMBO M H,1995. Motivational processes in learning: a comparative analysis of cognitive and sociocultural frameworks[M]//MAEHR M L, PINTRICH P R. Advances in motivation and achievement: culture, motivation and achievement. Greenwich, CT: Jai Press Inc.:255-289.

高效的、以意义为导向的策略有关。教师的态度直接影响到课程内容和教学模式的设计，其中涉及两种态度，即现实主义（realism）和相对主义（relativism）。现实主义认为，知识是相对简单和固定的，是可以与所有的学习模式相匹配的；相对主义认为，知识是变化的、复杂的，学生的学习模式会基于自身认识而有所调整，自我调节的能力也随之发生变化。由于教师能够掌控课堂的情境信息，所以目标理论对 SRL 的教学实践有重要的意义。教师的态度和行为能够影响到有天赋的学生。

从学生的学习路径看，遵循深层学习路径的学生更愿意接受自我调节学习策略。[①] 此外，成绩较好的学生往往更愿意接受自我调节学习策略，但很多有天赋的学生不接受自我调节学习策略，也就是说，学校课程安排并没有充分考虑到如何刺激学生的潜力。因此，教师需要通过任务策略来指导学生，让学生学会运用某些策略，产生自我效能，使他们更愿意接受叙述、阐释和组织策略等。

（2）学习的自我效能

"自我效能"被界定为一种对完成特殊任务的自信心。[②] 一般来说，自我效能和自尊之间没有固有的联系，但它们都与自我价值判断有关。自我效能是影响天赋转化为才能的内在变量，也是自我调节学习发展的重要变量。社会认知学习理论表明，自我效能和自我调节学习之间是互补的关系。通过有效利用元认知策略，学生的自信心能够影响到其自我调节学习的前瞻思维、表现以及自我反思。

---

① SCHRAW G, CRIPPEN K J, HARTLEY K, 2006. Promoting self-regulation in science education: metacognition as part of a broader perspective on learning[J]. Research in science education, 36(1/2): 111-139.

② HARACKIEWICZ J M, PINTRICH P R, ELLIOT A J, et al., 2002. Revision of achievement goal theory: necessary and illuminating[J]. Journal of educational psychology, 94(3): 638-645.

影响学生自我效能的因素如下。教师对学生自我效能的培养至关重要，能够强化学生的学习动机。当学生认为自己的成绩是个人能力的证明和努力的结果，学生就会强化自我效能。很多学生对自我效能的评估是基于人格、环境和行为因素的。自我效能的提升与团队整体优势的提升有关，还会随着能力的变化而变化。帕哈雷斯（F. Pajares）认为，人性化的课堂环境很有可能有益于培养学生对自我效能的积极认知。[①] 优才生对好成绩有强烈的需求，因此通过完成复杂的任务和克服障碍，有利于提高他们的自我效能。学生通过对同学成绩的观察能够提升自我效能，只是观察的效度与学生使用的策略有关。

学生对自我效能的态度能够影响到其学习成绩。学生的自我效能感越强烈，就会越愿意选择棘手的任务，并持续接受适当的问题解决策略。学生的天赋通常与学生自我效能的水平有关。在优才教育计划中，学习环境能够影响到学生的自我效能及其对自我调节学习策略的使用。为了评估学生对自我效能的认知，一些学者开发了测量技法，如奥尔德里奇（J. M. Aldridge）等人开发的"以学习环境为目标的技术集约测量表"（Technology Rich Outcomes Focused Learning Environments，简称TROFLE）、[②] 摩根（V. Morgan）和金克斯（J. Jinks）开发的"摩根－金克斯学生效能量表"（Morgan–Jinks Student Efficacy Scale，简称 MJSES）等。[③]

① PAJARES F, 2002.Gender and perceived self-efficacy in self-regulated learning[J]. Theory into practice, 41(2): 116-128.

② ALDRIDGE J M, FRASER B J, FISHER D L,2003. Investigating student outcomes in an outcomes-based, technology-rich learning environment[M]// FISHER D L, MARSH T. Making science, mathematics and technology education accessible to all. Perth, Australia: Curtin University of Technology: 167-178.

③ JINKS J, MORGAN V, 1999. Children's perceived academic self-efficacy: an inventory scale[J]. The clearing house, 72(4): 224-230.

（3）自我调节学习的社会文化进路

学生从天赋向才能转化是受到内在因素影响的。利用认知资源对于问题解决来说至关重要，这是在社会文化环境下学生学习所面临的重要的问题。皮亚杰认为，认知能力的提升与年龄增长有关。[①] 自我调节学习的社会文化进路观点是基于班杜拉的社会认知学习理论提出的，认为认知并不拘泥于个体的内在心理活动，更重要的是还要思考行为发生的社会文化情境。个人的发展与认知发生的社会环境有关。学生高阶的认知能力的发展源于与其他能力更强的人互动，包括教师等。[②] 为了验证学生的学习动机，需要从社会文化的角度理解学生的学习活动。学生的行为无法和情境分离，所以社会文化进路更关注的是课堂的活动。通过观察学生的课堂参与情况，教师能够验证影响学生课堂学习情况的因素。

4.2.4　有关动机的 TARGET 理论模型

动机理论涵盖动机发生的过程，并涉及广泛的心理和教育变量，从对本我的认知到对成败的原因分析。有关学生动机的研究往往考察的是课堂氛围对学生动机的影响，而侧重于学生的成就动机的研究则特别关注的是确定学习目标的方法或完成任务的个人意愿（出于自身需求的学习爱好或出于兴趣的求知欲）。

TARGET 理论模型涉及六个影响学生动机的课堂变量，即任务（task）、权威（authority）、认可（recognition）、分组（grouping）、评估

---

①　TABER K, CORRIE V, 2007. Developing the thinking of gifted students through science[M]// Taber K.Science education for gifted learners. NY: Routledge: 71-84.

②　BANDURA A, 2001. Social cognitive theory: an agentic perspective[J]. Annual review of psychology, 52(1): 1-26.

（evaluation）和时间（time）。① 该模型中的每个变量都与优才教育的实践有关。TARGET 模型的前提是，课堂教学设计确实能够影响学生的动机和学习目标。该模型强调的是学生要通过树立目标以及积极参与课堂活动来加深对知识的理解，颇受优才教育界的欢迎。

（1）任务。TARGET 模型提出各种学习任务的难度要适宜，这样学生才有学习的热情。也就是说，课堂任务的安排要确保所有学生在活动中受益。在普通课堂的教学上，教师不仅要完成一般的教学任务，还要进一步虑及优才生的特殊学习需求。

（2）权威。让所有学生都有机会参与课堂决策，有自主选择的决定权。如果让学生一味服从教师的安排，那么其学习动机就会受到影响。因此，对于优才学生来说，要让其尽可能选择有挑战性的项目，进而发挥他们的潜力。

（3）认可。学生如果任务完成质量很高，就要及时给予表扬。对学生的反馈一定要基于他们个人的能力，而不是跟其他学生进行比较。特别是，一些天赋很高的学生虽然成绩很优异但却不用功，因此，教师对学生的表扬不应基于他们的考试成绩，而应基于对他们学习过程的认可。

（4）分组。TARGET 模型建议学生应在异质性团队中进行合作学习，因此对学生的分组要灵活。TARGET 模型提出，应将整个班级变成一个学习共同体。尽管在异质性团队中进行小组学习颇有裨益，但问题是，团队中优才生往往完成大部分任务，如果教师没有经过特殊的培训，在课堂上经常让优才生去教其他的学生，就很难让优才生感受到学习挑战，较难发挥他们的潜在能力。因此，应该让优才生所在团队的团队成员与之能力和

---

① LÜFTENEGGER M, VAN DE SCHOOT R, SCHOBER B,2014. Promotion of students' mastery goal orientations: does target work?[J]. Educational psychology, 34(4): 451-469.

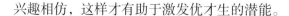

兴趣相仿，这样才有助于激发优才生的潜能。

（5）评估。通常，对学生表现的测评需要有参考标准。学生之间的比较和成绩排名等很可能降低优才生的自我效能，一些学习成绩优异的学生往往受到其他学生的敌意。因此对学生表现的测评一定程度上应参照学生的努力程度，而在测评努力的学生时要根据他们技能的提高情况予以评价。

（6）时间。TARGET 模型的时间维度指向的是任务完成的时间变量，这涉及学习速度以及任务量。TARGET 模型建议要调整好时间以及任务量，这样学生能够更好地掌握知识和感受成功的喜悦。教师要多花些时间帮助努力的学生完成高水平的学习任务。如果学生完成学习任务比教师预想的要快很多，那么这些学生就有很大的选择空间，这些选择涉及在学习中心学习、参与小组研究项目或独立阅读。

4.3　以环境催化因素为导向的理论图谱

4.3.1　环境催化因素理论的综合模式

多尔曼（J. Dorman）倡导用教学环境测量和评估新的教学内容和方法。优才教育计划的实施是为了满足特殊学生群体的需要。研究学生和环境的契合度能够验证学生对课堂环境的偏好以及与现实环境之间的关系。[①] 据此，他主张将课堂环境和人际环境相契合的研究整合到理论框架中，以此作为环境催化因素理论的综合模式的一部分，推动学生由天赋向才能转

---

① DORMAN J,2002. Classroom environment research: progress and possibilities[J]. Queensland journal of educational research, 18(2):112-140.

化，如图 4-6 所示。

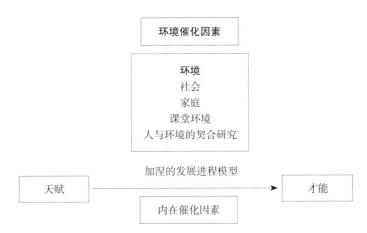

图 4-6　环境催化因素理论的综合模式

教师的教学观念会影响教学内容的设计。强调学习过程胜过学习成绩的教师往往鼓励学生勇于冒险和接受深层学习模式。在这种教学氛围中，学生往往对课堂学习的态度是积极的，偏好有挑战的任务，认为成功源于个人的努力。[①] 例如，自然科学任课教师往往强调的是深层学习模式，将学习素材同学生的兴趣联系起来，让学生用所学的知识来解决问题，并依照学生的水平来安排学习任务，强调学习的内在价值。

4.3.2　以教育供给为导向的环境催化模式

以教育供给为导向的环境催化模式是从周遭环境、课堂环境等维度，探索优才教育实施路径。教育供给（educational supplies）通常指学校、其他教育机构提供或协助提供的各种教育资源或设施。[②] 有关教育供给的研

[①]　AMES C, ARCHER J,1988. Achievement goals in the classroom: students' learning strategies and motivation processes[J]. Journal of educational psychology, 80(3):260-267.

[②]　PSACHAROPOULOS G, PATRINOS H A, 2018. Returns to investment in education: a decennial review of the global literature[J]. Education economics, 26(5): 445-458.

究受到 20 世纪 70 年代"学习环境研究"（learning environment research）范式的影响，对学习效果的测量侧重于四个维度：关系（relationships）、个人发展（personal development）、系统维系（system maintenance）和系统变化（system change）。^① 受此启发，以教育供给为导向的优才教育特别关注影响学生发展的环境催化因素，对优才生学习效果的评估也逐渐从宏观走向微观，形成特色化的课程设计模式。

以教育供给为导向的环境催化模式（见图 4-7）强调影响优才生发展的环境催化因素，其中包括周遭环境、课堂环境以及基础设施建设等。美国西北大学的教育专家瓦塔斯勒-巴斯卡（J. VanTassel-Baska）指出，教育供给关乎优才教育的质量。根据加涅的发展进程模型，对于优才生的培养，不应仅关注从天赋转化为才能的内在催化因素，还要关注以教育供给为导向的环境催化因素，处理好周遭环境、课堂环境以及课程设计之间的关系。^② 周遭环境是指为优才生创建稳定的、开放式的学习环境，如构建和谐共融的校园文化等。课堂环境是指为优才生提供良好的课堂学习设施和资源等，同时照顾其学习需求。以教育供给为导向的优才教育就是要把周遭环境和课堂环境统一起来，打造符合优才生需求的学习环境，使优才生获得认同感、归属感和舒适感，并侧重于与课堂环境相协调的特色化课程设计，主要针对四个环节，即压缩课程、扩充知识库、培养高阶的思维和自我导向学习。在瓦塔斯勒-巴斯卡看来，这四个环节不是孤立存在的，而是相互联系的。由于优才生的特殊性，优才教育必须要因材施教，针对不同学生的学习特点及偏好，形成不同的培养方案，使课程内容、指

---

① ALDRIDGE J M, FRASER B J ,FISHER D L,2003. Investigating student outcomes in an outcomes-based, technology-rich learning environment[R]. Perth, Australia: Curtin University of Technology:167- 178.

② VAN TASSEL-BASKA J, STAMBAUGH T,2006. Comprehensive curriculum for gifted learners [M]. Sydney: Pearson Education, Inc.:135.

导方案以及评估指标多元化。在优才教育过程中，压缩课程和分班教学的目的在于根据优才生的特点和偏好，适当加快或调整教学进度，避免教学素材重复。以教育供给为导向的环境催化模式的特色在于充分挖掘校内外课程资源，打造符合优才生学习需求的特色化课堂，强化课程内容设计的灵活性，使学生在深层学习和复杂学习中获益。

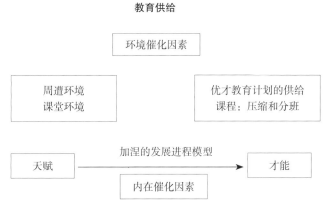

图 4-7　以教育供给为导向的环境催化模式

优才教育计划特别虑及不同学生的学习效率和方法。不同的优才生都认识到课程内容、指导方案以及评估的重要意义。不同的课程内容设计都指向关注深层学习和复杂学习的重要特征。优才教育计划强调了课程内容设计的灵活性，可以探索不同的概念。学生在面对开放的学习任务时，其反应是不同的，因此对他们的指导也会有差异，要充分考虑到学生偏好的学习风格和学习能力。优才教育计划课程的压缩是为了加快教学进度，避免教学素材重复。

4.3.3　以成绩判断为导向的环境催化模式

以成绩判断为导向的环境催化模式是从评估标准的维度探索优才教育实施路径的。如果整个社会强调分数至上，那么家长就会把此价值理念灌输给孩子，从而给孩子带来困惑。实际上，一个学生的能力发展并非单纯由标准化测试结果决定的，教育的目标是要激发个人的潜能。然而，这会导致强调学生学习能力的教师陷入两难。对于教师来说，在教育体制内，课程内容是由教学实践的评估确定的。对于学生来说，他们更重视考试分数而非对教学资料的理解，这样最终会导致表层学习，而不是深层学习。深层学习就是让学生以更全面、更有意义的方式，在了解知识表象的基础上探索深层的内涵或原理；表层学习更侧重于学生对知识表象的理解，关注其对标准化测试的应试能力。

以成绩判断为导向的环境催化模式是在标准化测试的基础上探索一种新的评估方法，实现从表层学习到深层学习的跨越。罗宾逊（A. Robinson）等认为，这种模式克服了标准化评估模式的弊端，比如标准化测验往往用来测试零散的知识，无法评估高阶的思维。[①] 一般来说，标准化测试的题目很容易设置。虽然这种测试能够直接反映学生学习效果，但是较难评估高阶思维能力，比如一些考试的题型是以单项选择为主。与之相对应地，以成绩判断为导向的环境催化模式更侧重于考验学生的综合能力和应用能力。综合能力就是将已有知识和新知识融汇贯通，而应用能力体现在解决现有问题的方式方法上，将知识习得转换为现实应用。对优才生的学习效果评估要超越传统测试方式，不能单纯依靠标准化测试，而是要融入综合能力和应用能力的评价体系，要侧重于对学生深层学习能力的培养。

对于优才教育而言，以成绩判断为导向的环境催化模式是以建构主义认识论为基础的，强调以学生为主体，密切跟踪学生在每个阶段、每个

① ROBINSON A，BRITTON K P, 2006. Preparing teachers to work with high-ability youth at the secondary level: issues and implications forlicensure[M]// DIXON FA，MOON S M. The handbook of secondary gifted education. Waco, TX: Prufrock Press, Inc.:581-610.

环节的学习特点，对学生的综合能力进行评价。国际优才教育通常采取一种"可观察的学习成果结构"（structure of the observed learning outcome，简称 SOLO）分类法，旨在开发开放式现实学习任务和评价课程学习的标准，从而提高优才生的综合能力和应用能力。这种分类法将学生的学习特征划分为不同的阶段，包括前结构（prestructural）层次阶段、单点结构（unistructural）层次阶段、多点结构（multistructural）层次阶段、关系（relational）层次阶段以及扩展抽象（extended abstract）层次阶段。[①] 优才生在不同阶段呈现出不同的学习特点，比如在前结构层次阶段，学生虽然没有参与到学习任务中，但做好了前期准备；在单点结构层次阶段，学生关注的是学习任务的一个方面；在多点结构层次阶段，学生主要关注任务的某些特征；在关系层次阶段，学生主要梳理任务的部分在整体中的作用；在扩展抽象层次阶段，学生从整体主义角度理解概念，对问题进行高度的抽象概括，实现知识从浅层到深层的跨越。同时，这种模式还考虑到优才生的培养过程中使学生的天赋转化为才能的内在催化因素（遵从加涅的发展进程模型），以及对学生才能的测试要综合考量其理论和实践应用能力。以成绩判断为导向的环境催化模式详见图 4-8。

　　将目前学到的知识和对现实生活的理解应用于问题解决上，这体现的是学生的应用能力。罗宾逊（A. Robinson）等人认为，传统的测试和研究任务不足以衡量学生的学习效果。从对优才生的评估来看，优才教育要注重让学生把校内外学习经验结合起来，并充分虑及学生解决问题的能力，

---

　　① 　STÅLNE K, KJELLSTRÖM S, UTRIAINEN J, 2016. Assessing complexity in learning outcomes: a comparison between the SOLO taxonomy and the model of hierarchical complexity[J]. Assessment & evaluation in higher education, 41(7): 1033-1048.

使学生进入深层的学习阶段。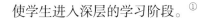①

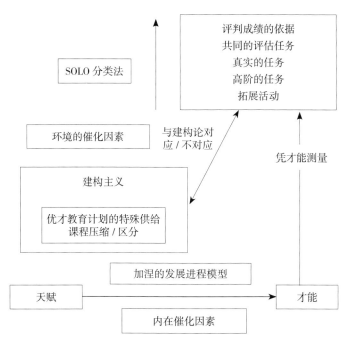

图 4-8　以成绩判断为导向的环境催化模式

SOLO（structure of the observed learning outcome,可观察的学习成果结构）分类法是基于不同学科领域成绩研究的分类法，认为学习者对具体知识的认知过程具有阶段性特征，这些阶段包括：前结构（prestructural）层次阶段、单点结构（unistructural）层次阶段、多点结构（multistructural）层次阶段、关系（relational）层次阶段以及扩展抽象（extended abstract）层次阶段。② 在特定的阶段，学生在参与任务时表现出来的特征是可以确定

　　① ROBINSON A，BRITTON K P, 2006. Preparing teachers to work with high-ability youth at the secondary level: issues and implications for licensure[M]// DIXON F A，MOON S M. The handbook of secondary gifted education. Waco, TX: Prufrock Press, Inc.:581-610.

　　② RAMSDEN P, 2003. Learning to teach in higher education [M]. NY: Routledge Falmer:112.

的。在前结构层次阶段，学生需要对任务做准备工作，但还没有参与任务。在单点结构层次阶段，学生关注的是任务的一个方面，但并不理解事实和思想之间的关系。在多点结构阶段，学生主要关注任务的某些特征。在关系层次阶段，学生将一些因素整合到与结论相关的整体中来。在扩展抽象层次阶段，学生从整体主义角度理解概念，对问题进行高度的抽象概括，超出了给定的信息范畴。

优才教育接受 SOLO 分类法，旨在开发有关开放式现实任务和评判标准的课程，提高学生的学习效果。SOLO 分类法有助于教师对学生单独学习或团队合作学习作出评估，也有助于学生从中学习更多的知识和技能。

5

国际优才教育研究新范式的形成

传统的国际优才教育研究往往遵从以机械论和还原论为导向的方法论原则，把天赋还原成各个不同的要素并加以测试，通过线性因果关系加以解释，往往忽视了天赋的形成源于复杂的作用机制，同时造成了优才教育计划实施上的困境。为了摆脱这样的困境，发展系统论进路为优才教育研究提供了崭新的思路：构建情境依赖模式以及天赋行动模式，探索天赋发展的动力学路径，实现分析行为模式要素协同演化的适应条件以及系统内外互动模式的建构，将天赋的传统测试从标准测试扩展到 DISCOVER 评估模式。

5.1　优才教育传统研究视角的局限

5.1.1　还原主义方法论的局限

德国心理学家威廉·斯登（William Stern）和美国斯坦福大学的心理学家刘易斯·推孟作为优才教育研究的先驱人物，其研究深深扎根于由伽利略和笛卡尔思想衍生而来的学术传统。伽利略将科学研究引向对自然现象的定量研究，并借助自然法则加以描述。目前有关人类心灵现象的探索，如 IQ 测试，在某种程度上可归因于他的贡献。笛卡尔的分析方法是建立在还原论的基础之上的，即为了解释整个复杂的现象，将整体还原成其组成部分加以理解。这样的方法论是基于机械论或还原论的，即简单地把世界还原为其组成部分，然后再综合起来加以解释，机械地认为整体是部分之和。当时的物理学是以机械力学为主导，机械力学成为解释一切科学领域问题的标尺。实际上，很多天赋研究的模型也遵循着还原主义的传统，把天赋分解成不同的组合物，再对智力超常等现象做解释和分析。

这种还原论的方法直接影响到优才教育的研究。有关天赋教育多因素的模型和理论纷纷被建构出来，着眼于表现天赋的因素。通常，这些因素包括三大类，即狭义的天赋（如言语、肢体言语等）、非认知的内在因素（如动机、控制信念、焦虑）、外在因素（如朋友、课堂气氛、家庭环境）。这些理论模型将各种因素相结合，用以预测学生的杰出潜能。也就是说，这些理论模型严格遵循伽利略和笛卡尔等人的分析方法，在认定天赋上使用的是机械论方法。学者们往往将既定的天赋还原成各个要素（如思考和学习潜能、知识、创意、社会、语言、量化数学和非语言能力、原创性、认知灵活性、社会认知、对成功的期望、对失败的恐惧、注意力、对教学质量的支持）。实际上，用这种还原主义的方法对每个要素加以测试来预测学生的天赋能力是有缺陷的。

优才教育传统进路是基于一种策略，即确保优才生的学习环境宽松，使他们的潜力得到充分发挥。这种策略实际上体现了优才教育的一种"自催化进路"（autocatalytic approach），而这种策略同学生内外需求的天赋多因子模型不符。目前，各国政府将大量的经费投入优才教育领域，主要采取以下措施[①]：（1）奖学金（让优才生不因经济问题而影响学习），（2）能力分组（确保优才生的教学进度），（3）快班（确保优才生不受其他学生的影响），（4）拓展计划（增加学习的广度和深度），（5）拔高计划（结合快班、能力分组和拓展进化的优势，给优才生提供特殊的指导）。实际上，上述措施不是针对每个学生的需求，而是面向整个优才生的群体，并不是每一种措施都完全关注学生的动机和学习能力；这些措施只是预防性的，防止优才生受到学习环境中不利因素的影响。

天赋是一种人格特质，能够使个体通过自催化的方式发挥超常的潜能，我国香港优才教育政策的制定就依赖天赋这种人格特质。优才教育研究关注的是支持天赋超常发挥的一系列变量，如兴趣、创造力以及归因能力。[②]之前的相关研究往往关注的是对学习能力产生积极效果的变量，遵循笛卡尔"综合分析"的方法论传统，但是这种研究方法在很多情况下是失效的，如20世纪90年代爆发了全球优才教育危机。利普西（M. W. Lipsey）等人的研究表明：人的天赋受很多复杂因素影响，不能把天赋还原为不同

---

① ZIEGLER A, STÖGER H, 2004. Identification based on enter within the conceptual frame of the actiotope model of giftedness[J]. Psychology science, 46(3): 324-341.

② SHAVININA L, 2009. International handbook on giftedness[M]. Amsterdam: Springer: 78.

的要素加以测量。对于天赋的测试和评估标准使传统优才教育研究的实证研究结果并不足信。[①] 为何会出现这种情况呢？欧洲高能力委员会（European Council for High Ability）前主席琼·弗里曼（Joan Freeman）的结论是，目前大多数优才教育的研究主要涉及研究报告、单一的案例研究或咨询研究等，严重缺乏可控的研究群体对象。[②] 当然，一些优才教育领域的研究者也对优才教育研究的传统方法进行了批判，促使很多国家展开优才教育改革，重构优才教育评估的方式。

5.1.2 优才计划实施过程的局限

被学术界普遍认可的优才教育教学策略在现实运用上是否真的有效？如果答案是否定的，那么这些策略必须进行改变，但是改变的前提是必须认清教学策略如何失灵的。一般来说，这种策略失灵主要表现在三个方面：（1）优才计划从根本上是无效的，（2）优才计划被用在错误的情境下，（3）优才计划被错误地实施。优才教育计划在实际操作中的局限性主要表现在以下几个方面。

第一，条件不当。优才教育教学策略失灵源于教学条件的不适当，而不是学习成效不够，因为教育教学的改革从传统向新范式转变需要一定的过程，很多教育教学机构不愿轻易放弃现有的模式，因为选择新的模式要面临新的挑战，因此部分优才教育人员往往把教学策略失灵归结为教学效果不理想，从而忽视教育条件是否契合学生的期盼。

第二，情境不当。为了发展优才生的个人潜能，首先要正确判断优才

---

① LIPSEY M W, WILSON D B, 1993. The efficacy of psychological, educational and behavioral treatment[J]. American psychologist, 48: 1181-1201.

② FREEMAN J,1998. Educating the very able: current international research[M]. London: the Stationery Office:36.

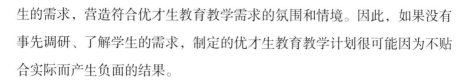

生的需求，营造符合优才生教育教学需求的氛围和情境。因此，如果没有事先调研、了解学生的需求，制定的优才生教育教学计划很可能因为不贴合实际而产生负面的结果。

第三，策略不当。错误应用教育策略也会使优才教育计划失灵，比如在没有足够的教学指导或关注学生需求的情况下引入快班计划。

第四，不同步性。一是，优才教育教学资源和优才生能力的不同步会影响学生的学习动机。二是，优才教育的政策实施和学生需求不同步，无法达到预期目标。三是，教师的学习指导与反馈同优才生实际需求不同步，要么对优才生期待过高，要么过低，没有把握好"度"。

第五，结构性欠缺。优才教育教学过程中结构性欠缺表现在两个方面：一是学生注意力不集中，二是缺乏必需的前提知识。

第六，刺激欠缺。优才教育策略也可能因为知识传授得不够而无效，比如偶然进行的拓展策略可能无效。刺激欠缺的前提可能包括下述几种情况：实施特定策略的时间不够；刺激的次数太少；学习的环境异常；学生不能够经常得到教师的反馈，比如大班授课的老师不能及时为学生学习提供有效反馈意见。

第七，磁滞现象。磁滞现象是指系统的组成部分发生意外，也不会影响到系统本身。比如，期中考试，某个学生本想考92分，却只考了90分，没有实现目标，但教师并不因此期待该学生从根本上改变学习习惯，因为从系统角度上看，这个意外的变化并不影响系统本身，因此优才教育系统中存在的部分问题可能一直会被忽视掉。

第八，中和作用。优才教育计划往往忽视了这一作用，仅仅关注结果，而忽视"补偿"过程。如果把优才教育看成一个系统，这个系统就是不断通过补偿的方式维护现有的状态，因此在教育教学的过程中侧重过程考核环节。

5.2 优才教育研究的新范式：一种系统论进路

传统优才教育研究关注的是在某个领域或某些领域中有超常表现的、有潜力的学生。这种研究进路是以优才生的动机为基础的，忽视了其他影响优才教育的重要因素，如个体的外在环境等。因此，一种新兴的研究进路方兴未艾，即优才教育的系统论进路，也就是把系统视为潜能发挥的前提。该系统涉及两个维度：个体系统和外在环境。据此，优才教育研究重新审视教学实践中的理论和方法，建构一种新的理论体系，形成新的范式。

许多研究验证了个体如何获取超凡的成就，比如维兰特（G. Vaillant）通过观察发现，美国大多数成功人士年轻时期就有超常的天赋显现，同时，他们的教育环境是积极的、鼓舞人心的。[①] 布洛姆（B. S. Bloom）对在不同领域，如数学、钢琴、分子遗传学等有杰出表现的 120 个人进行访谈，结果发现这些人的学习和成才环境往往与他们的需求相契合。[②] 米哈伊·契克森米哈伊从对有天赋的群体的研究中发现，卓绝才能并非指向个体，而是一种系统表征，由个体和环境构成。[③] 在他看来，天赋的形成不仅受到生命内在系统（心智系统）的作用，还受到外在环境系统的影响，如家庭成长环境、良好的教师和学校、良好的校外学习条件等。从成绩优异的学生看，他们优越的成长环境往往有利于学习。据此，个体内、外系统的发展和建构对天赋的形成起到极为重要的作用。

① VAILLANT G, 1977. Adaptation to life[M]. Boston: Little-Brown:62

② BLOOM B S,1985. Developing talent in young people[M]. New York: Ballantine:72.

③ CSIKSZENTMIHALYI M,1996. Creativity: flow and the psychology of discovery and invention[M]. New York: Harper:56.

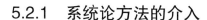
5.2.1　系统论方法的介入

"系统"这一术语其描述了机体要素间互动的稳定结构。系统的"实体性"可以通过系统目标或其意义加以理解。系统的行为和特征是由系统组织和要素互动决定的，提供了控制系统要素及其互动的结构参数。

系统论的介入是为了克服传统机械论从部分解释整体的局限性。系统论关注的是系统要素的组织情境，而非系统要素本身。机械论往往假定的是一种直接的因果关系，如有关天赋的机械论视角往往认为，人的超常能力源于三个基本元素的互动，即较高的智力水平、创造力以及智慧。与之相反的是，系统论认为，虽然个人起点不同，但也可能取得相同成就，只是中间采取的方式不同。换句话说，影响个人成就的因素会随着具体情形的变化而变化。因此，如果将个体视为系统的话，那么系统要素需要通过合作才能使个体发挥杰出才能。

5.2.2　基于情境依赖模式的系统论进路

系统论关注情境。孩子的人格、智力、兴趣和能力总是反映出他们行为发生的个体环境，比如成长在音乐世家环境下的孩子很可能学会一种乐器。当然，因为从本质上讲，个人的天赋发展是可变的，所以研究天赋发展的情境不能仅仅关注内在潜能。个体与环境的互动是独特的，任何成就都源于这种互动。

（1）系统论视域下情境依赖模式的运作机理

在天赋研究领域上，海思利（P. Haensly）等人探究了个体对特定环境的适应问题。在他们看来，在特殊的天赋领域，个体对环境的适应类似于物种从种系发生的角度对于生态位条件的适应，从而使才能得到最高程度的发挥。^① 也就是说，个体在特定领域中有天赋，一旦超出他们特定的天赋领域，天赋也就很难发挥出来，如爱因斯坦是著名的物理学家，但其在生物学领域天赋就发挥不出来。

当系统的构成要素对不同的环境系统发生不同的反应时，这种情境依赖性就越发明显，比如一些学生玩网络游戏的时候注意力集中，但平常上课经常"溜号"。再比如，学生面对球赛和读书的行为差异：学生想成为运动员，则球赛更符合学生的动机系统，所以他对球赛的关注超出了对书本的关注。因此，借助测试注意力的特殊量表来考查学生注意力程度显然会遇到很多障碍，因为忽视了系统的情境依赖因素。

相互依赖性（interdependence）意味着行为变化并非独立发生，个体系统的行为要素并非影响局部，各个要素间的交互作用会对整个大的系统产生影响。

互联性（interconnectedness）是对相互依赖性这一概念的补充。互联性进一步表明系统要素的交互作用，认为任何要素的变动可能会引发连锁反应，预示着整个系统的变化。因此，这种既定变化产生的影响并非巧合，反映了系统面对既定变化的有序反应。在特定的社会系统中，对高成就的高频次分析也说明了这种互联性。^② 比如在某个国家，世界知名的钢琴家数量很多，一些人的初始判断是，这个国家大多数人都非常重视弹钢琴，因为有庞大的人口数据支持。实际上，庞大人口有着同一追求，迫使

① HAENSLY P, REYNOLDS C R , NASH W R,1986. Giftedness: coalescence, context, conflict, and commitment[M]// STERNBERG R J, DAVIDSON J E.Conceptions of giftedness. New York: Cambridge University Press:128-148.

② CHARNESS N, KRAMPE R, MAYR U,1996. The role of practice and coaching in entrepreneurial skill domains: an international comparison of life-span chess skill acquisition[M]// ERICSSON K A. The road to excellence: the acquisition of expert performance in the arts and sciences, sports and games . Mahwah, NJ: Erlbaum: 51-80.

某个方面的天赋聚集，从而增加这个系统产生超常天赋个体的可能性。此外，如果某个国家有庞大数量的钢琴家，那么有关音乐演奏知识等的普及活动也会增加，整个社会会给培养最优秀的钢琴家提供经济等方面的支持，这会促使钢琴天才出现的可能性增加。

互联性这个概念有助于我们从人格的视角探索情境发生的条件，比如很多人认为音乐世家造就了伟大的音乐家，认为这与遗传有关，但实际上也有例外，因此简单地从遗传学的角度解释天赋是不够的，家庭环境和社会环境等都会影响孩子的天赋。这样看来，互联性往往指向的是个体层次，比如一个女生在演奏手提琴的时候因为对某个区段的诠释非常精妙而受到夸赞，她的音乐能力也会得到超常发展，这是因为受到正向情感的支持，会使她形成强大的学习动机。

（2）优才发展的系统多层次性

系统论强调，个体是由系统各种要素组成的。新陈代谢系统与体质、营养、休息和放松等有关，幸福、忧虑等与心理情感系统相关，记忆、学习、智力则同认知系统相关。这些系统之间存在相互作用，系统的组成部分可被细分为不同的子系统。每个子系统都是更大的系统中的局部系统。这种系统论颠覆了"整体是由部分叠加的"这一传统观念，把要素放到系统角度来理解。比如，一个有天赋的女孩，可以是姐姐、孙女、学生、游泳队的成员等。在每一种情况下，她都体现了不同的行为特征，而对这些行为特征的理解取决于对特定系统要素的理解。如果我们要评估一个人是否能在一个领域中发挥潜能，不仅需要看此人的认知子系统的效度，还要看其在学校、家庭以及国家教育系统中所接受的教育的质量水平。

依照经典物理学的原理，线性思维是一种单向度的直线思维，一个用线性思维思考问题的人，习惯于用因果关系去推导，会忽视整体性和系统性。系统思维不同于线性思维，它关注的是网络的、非线性的过程。例如，我们鼓励有天赋的女孩对工艺产生兴趣，线性思维和系统思维方式对应了完全不同的方法。线性思维方式下，会鼓励女孩读工艺方面的书，放弃对其他活动的追求，如看电视、听音乐和社交活动。然而，老师要鼓励孩子对工艺感兴趣，还要虑及其他方面，这就需要运用系统思维。第一，一步步让孩子知道在很多的活动中，工艺可能会更吸引人。第二，明确兴趣增加的结果是非线性的。假设用六点量表测试孩子对小学二年级课程的兴趣，分值是从 0 到 5，且孩子对工艺的兴趣是 4.03，对语言的兴趣是4.04，对数学的兴趣是 4.16，如果他对工艺的兴趣增加 0.14，就可以鼓励孩子多关注这门学科。

5.2.3　天赋的系统论行动模式的构建

西方不少学者认为，天才最显著的特征在于其拥有持续的、较高的天赋，因此杰出能力往往取决于个体智力、创造力和人格特质等情况。然而，这些学者往往重视的是个体的先天特质，从而忽略了在系统内部，这些内生属性往往要同社会文化因素发生交互作用，鉴于此，齐格勒（A. Ziegler）和菲利普森（S. N. Phillipson）等人建构了"天才的行为—环境模型"（actiotope model of giftedness），充分利用多学科的理论成果，解释了天赋行动库如何产生以及如何被使用，洞悉发展高天赋能力的策略方法。其强调了才能的发展是个体行动库的渐进扩张过程，其中行动库涉及个体与环境（包括社会环境、信息环境等）之间的互动关系。这一模型主要关注的是行为发生的可能性，强调的是个体如何建立起卓绝的行动库，并提出要注意的是，行为的发生是基于三种适应的结果：一是生物同化作用；二是社会同化作用；三是个体同化作用。以玩扑克为例，扑克在手中是生物学的适应结果；玩扑克游戏的规则是社会适应的结果；选择特定扑克的动机则是个人适应的结果。①

个体的行动模式反映的不仅仅是特有的品质，还能从个体所归属的不同的系统加以解释（如生态、生物和社会系统）。行动模式是由主体及其行为互动的环境构成的。人类作为一种生物，显示了由子系统构成的开发系统的特征。人类的特征和行为源于对环境的成功适应。人类要适应气候、生态环境和生物群落变化。人类器官的演化、对各种疾病的感受性、睡眠模式、语言能力等都可以从对环境的适应角度加以解释。当然，人类不只是生物学界定的生物，作为社会成员的人还要适应社会环境。换句话说，人类对环境的适应是由既定的社会先决条件和具体情境所决定的。比如没有经过特殊训练的人也能够区分不同的音乐创作；又如众多音乐家和作曲家在各自不同的历史时期都在分享"音乐的社会化"观点，也就是让音乐符合大的社会环境；再如在不同的历史时期，音乐家和作曲家的作品虽然有共性，但也有差别。

天才的行为—环境模型试图描述四个要素，即行动库（action repertoire）、目标（goals）、环境（environment）、主观行动空间（subjective action space）之间的复杂互动。在讨论每个要素之前，首先要确定这一模型体现的是所有不同的目标行为的分析框架，也就是斯腾伯格等人所称的"以目标为导向的适应行为"（goal-directed adaptive behaviour）。② 从逻辑上说，每个系统都由无数个子系统构成，因此我们需要分析人类行动模式的要素。从系统论角度看，这一模型关系外生资源和内生资源，其中外生资源对应的是教育资本，如经济、文化、基础设施和教学等，而内生资源对应的是学习资本，

① ZIEGLER A, VIALLE W, WIMMER B, 2013. The actiotope model of giftedness: a short introduction to some central theoretical assumptions[M]// PHILLIPSON S N, STOEGER H, ZIEGLER A. Exceptionality in East Asia, London: Routledge:1-17.

② STERNBERG R J, SALTER W, 1982. Handbook of human intelligence[M]. Cambridge, UK: Cambridge University Press:153.

如行动、注意力等。^①可以说，齐格勒等人建构的这一模型，解释了优才教育的系统论视角，旨在发展个人的才能，认为个人的杰出成就不仅源于个人努力和能力，更源于系统内要素之间集体作用的结果。

（1）行动库。行动库是个体在任何时间发生的行动集合，而个体只是认识到其中一部分行动的发生。行动发生的可能性很大程度上取决于个体的差异性。从理论上看，"行动库"这个术语描述了个体能够发生的所有行为。通常来说，个体的行动库会随着个体的发育而扩充。从这个意义上讲，教育工作者要帮助个体发展有效的行动库，比如学龄前孩子有关数学的行动库仅局限在小范围的数值运算，而小学之后，他们的数学行动库就要扩展到基本的算数。

（2）目标。目标是个体通过行动作用于物理环境或社会环境所形成的条件指向，涉及学习目标、社会目标以及专业目标等，体现了与个体的体质或环境相适应的预期状态。个体都有衣食住行的物质需求，有一定的行为目标，但将需求成功转化为目标并不容易，因为个体间有很大的差异。第一，如果个体虑及成功的行动库，那么这个人很快就能将需求转化为目标，但缺乏其他的动机。第二，要让个体身体的机能目标很自然地整合进整个系统的目标。第三，要优先虑及目标设定和目标调节系统，因为目标系统需要不断地适应不断扩张的行动库。

（3）环境。系统论强调的是，不能将个体和社会行为发生的环境分开，而是要放到一起进行分析。对环境因素的考察需要虑及的是独立或依赖的程度变化，要分析个体及其社会行为发生的环境之间的关系，因为天

---

① STOEGER H,2013. Support-oriented identification of gifted students in East Asia according to the actiotope model of giftedness[M]// PHILLIPSON S N, STOEGER H, ZIEGLER A. Exceptionality in East-Asia: explorations in the actiotope model of giftedness[C]. London: Routledge:188-211.

才的行为—环境模型所设定的系统需要从现实角度加以解释。因此，有关环境，一般来说，有三种相互补充的观点：一是，天赋研究是以探究环境的系统观为出发点的，比如学生家庭和学校的作用。二是，才能领域尤为重要，因为优才生是逐步朝着某个才能领域渐进发展的，比如钢琴、网球、物理学等。对于大多数才能领域来说，课程内容要服务于推动个体行动库的发展，所做的评估要基于积极和消极的行为反馈。许多才能领域反映的是长期发展的过程，比如学习拉小提琴就涉及指导方法和教学材料，数年来，这些方法和材料都得到了改进。三是，天才的行为—环境模型超越了社会科学所假定的家庭和学校的经典系统，不只是关注天才领域。

社会环境提供了客观的行动空间。在既定的社会环境中，人们能感知到的只是客观行动的一小部分。在吹笛子课程中，我们可以想象到各种各样的行为（如在吹笛子的过程中可以跳舞），但通常来说，指向的是吹笛子的人。因此，某些行为在一定的社会环境下变得制度化了。制度化行为通常反映的是地点和活动之间的逻辑关系（如厨房是做饭的地方）。个体在社会化的过程中要发展一种丰富的行动库，其被社会认可的同时，要与一定社会环境有关；个体还要学会抑制某些情境下的其他行为，这被称为"内化的过程"。

（4）主观行动空间。主观行动空间被视为个体行为意向的认知导航空间。这种认知过程需要虑及几个因素：个体的行动库、既定情境的本质、个体的需求和目标。上文提及的其他三种要素为主观行动空间提供了行为优化的可能性。行为产生过程以及行为选择的过程失效就意味着行动失败，其中重要的原因有：一是，个体可能经常错误地评估自己的行动库（男生往往高估数学上的能力；女生往往低估数学上的能力）；二是，在既定的情况下没有及时想到行动的可能性（如没有及时想到一个好的解题方案）；三是，需求向目标转换的过程不当（如一个男孩在班级扮演小丑，企图得到更多的关注，但他的这种行为反而被人排斥）。

一项卓绝才能的发展并非一种能力的独立发展，更多地是对复杂系统的适应过程，相应地使行动库及其决定因素、主观行动空间、目标甚至环境发生改变，就像一位优秀的棋手必须不断扩充自身的行动库，不断调整自己的学习目标，在主观行动空间中进行为了实现目标的学习行动。个人学习过程中的每一步以及个人行动库的扩展都会增加个人在既定情境下实现目标的可能性。优才教育工作者需要确保学生在学习的过程中融入主观行动空间。比如许多女生虽然在数学学习能力方面和男生相仿，但她们却坚持认为自己要比男生付出更多的努力，这恰恰说明行动库的扩展是伴随着主观行动空间的扩展而实现的。

总之，天才的行为—环境模型更多关注的是个体及其行动。该模型试图测试个人能否在特殊领域中有着杰出的行为能力，其着眼于学生在社会情感上的全方位发展，而不仅仅侧重于学生在认知和学习上的发展。特别地，该模型对环境的理解并非仅局限于地理区域，还涉及个体的行动空间；对行为的理解也不限于个体的行为，还涉及社会行为。据此，学生能力的提升有赖于各种系统要素交互影响的关系网络。因此，优才教育的系统论强调的是，为了实现平衡状态，个体要不断适应子系统的变化并时刻与其保持互动，进而提升个人的才能。

5.3　天赋发展的动力学路径：一种发展论视角

5.3.1　要素协同演化的适应条件

系统总是有结构的，结构反映了系统的要素、系统要素之间的互动关系、系统与环境的相互依赖性。显然，天才的行为—环境模型的要素彼此关联，以几种情形为例：（1）人们寻找与目标相应的环境。当饿了的时候，我们就会去冰箱找东西吃。（2）在一个人的主观行动空间内，在既定环境中行为的选择要有可操作性。比如，游泳动作适合于泳池游泳但不适合爬山。（3）公寓和住宅适合个体居住的需求和目标。（4）如果系统结构长时间保持稳定，并且系统保持一种平衡的状态，那么我们就能够观察到行动库、目标、环境以及主观行动空间之间的契合。

在特定领域取得成功之前，在漫长的学习过程中需要系统不断地修正整个行动模式。行动库、目标、环境和主观行动空间都经历了持续变化的过程。从技术层面上说，行动库仍处于亚稳定的状态，不断经历新旧条件的交替。掌握学习的步骤要求系统要素有效地协同进化。下面举例进行说明：鲍比·菲舍尔（Bobby Fischer）是有史以来国际上最好的棋手之一。他在8岁的时候就开始专研国际象棋大师的棋局，每走一步棋都与国际象棋大师的棋略进行比较，从而获得有益的信息反馈。在象棋领域中他对行动库的扩展使他的目标、主观行动空间以及环境协同进化：（1）目标。他认识到与象棋有关的目标同他每一步棋局的关系。（2）主观行动空间。他掌握象棋大师在棋局上的优势和劣势，从而在之后的比赛中获益。（3）环境。母亲在他8岁的时候就刊登广告寻找对手。他在童年的时候就得到很多人资助，强化了下棋的行动库。这种协同进化有益于修正他的行动模式：（1）使他下棋的行动库达到世界级水平；（2）他追求世界冠军的目标；（3）他不断接触象棋大师，无限地为他补给下棋的知识；（4）在他主观行动空间内，他几乎仅关注象棋比赛。

实际上，对行动模式的修正能力体现了要素协同进化的潜能。有天赋的学生如果在不利于学习的社会环境中，会缺少进一步学习的动机，那么他们的行动模式就得不到激活和修正。从本质上说，行动模式的稳定性标志着行动模式的要素是协同适应的和互补的。因此，从整体上看，行动模式并不会因为责任、家庭、疾病等问题而受到影响。

从优才教育的角度来看，需要大量的有关行动库的资源：适当的指导、学习能力以及相关变量的信息（教育评估中的目标效度、生态效度、替换效度、预见性效度和学习途径的效度等；优才生的情感和社会稳定性、学习动机以及社会学习环境）。[①]优才教育需要将资源系统化，特别虑及教育资本（面向个体和社会的学习资源）。下面我们对教育评估中的目标效度、生态效度、替换效度、预见性效度、学习途径的效度等进行分析。

第一，目标效度。如果在某领域，个体的潜能得到有效发挥，就能够评估其特定行为是否符合预期的目标。个体往往对行动是否成功不确定，学生的指导老师要对学生目标的有效性提供有价值的反馈。[②]

第二，生态效度。一位女篮运动员被对方队员围攻后必须决定接下来采取的策略。当学生在准备口语考试时，他们关注的不是花时间应付多项选择题。也就是说，同一行动并不是在每个情境下都是有效的，因此，个体要认识到行为与变化的情境的契合性。[③]

第三，替换效度。只有在既定的才能领域中保持行动的适应性和灵活性，才能实现预期目标。[④]为了实现远大目标，不仅仅要努力寻找新的行动契机，更要取代旧有的、无效的行动。如果学生仅仅需要很短的时间就

① ZIEGLER A, PHILLIPSON S N,2012. Towards a systemic theory of gifted education[J]. High ability studies, 23(1): 3-30.

② GRASSINGER R, PORATH M, ZIEGLER A, 2010. Mentoring the gifted: a conceptual analysis[J]. High ability studies, 21(1): 27-46.

③ COLLINS A, BROWN J S, NEWMAN S E, 1989. Cognitive apprenticeship: teaching the crafts of reading, writing, and mathematics[M]//RESNICK L B.Knowing, learning, and instruction. Hillsdale, NJ: Erlbaum: 453-494.

④ ARAÚJO D, DAVIDS K, 2011. Talent development: from possessing gifts, to functional environmental interactions[J]. Talent development & excellence, 3(1): 23-25.

能取得理想的成绩，那么就比较难实现自我超越。在优才教育中，所有的利害关系人，包括老师、优才生，都要通过大量的努力才能实现新的跨越。优才教育强调个体要不断升级目标，在完成一个层次的目标后要寻找更高层级目标。

第四，预见性效度。行动模式的发展需要经过长期的不懈努力，据此，为了确保其他学习步骤的有序进行，需要有大量的知识、技能储备，比如科学家取得的成就一部分归功于他们年轻时就培养起来的优秀的社会技能和较强的团队合作能力。此外，行动模式的发展也会遇到一些无法预料的挫折，比如，优才生转学到国外，难以处理新环境下的问题。

第五，学习途径的效度。是否能在许多专业领域取得非凡的成就，一定程度上取决于学习途径的多样性，而这些途径的拓展有赖于个人同包括教师、父母等及社会环境的互动。许多人在付出巨大努力后却没有实现学习目标，更没有发挥自己的潜能，这是因为他们没有制定明确的目标和获得长期有效的学习反馈。从实践上看，优才教育决策不能基于单一的诊断和个别的建议，优才教育工作者首先要为学生绘制一条学习路线，然后让学生沿着这条路线实现学习目标。

总的来说，天才的行为—环境模型并没有将特定领域的卓绝才能视为各种要素并行发展的结果，而是将其视为对复杂系统的适应结果，其中行动库、目标、环境和主观行动空间是协同进化的，各个要素之间的互动是多层次的。从系统论的角度上看，一种有效的协同进化行动模式是处于亚稳定状态的。也就是说，从行动库要素之间的一种稳定状态发展到另一种有效的稳定状态，取决于要素之间的系统进化。

5.3.2　天赋发展：从优才区分模型到系统内外互动综合模型

优才教育计划相关的理论模型大多涉及优才生从天赋向能力转化的内在关系因素以及环境的催化因素。其中：内在因素涉及学习的路径、学习的自我调节以及学习的自我效能等；环境的催化因素包括周边环境、课堂、建构主义和成绩。在系统论视域下，这些理论模型形成了系统内外互动关系的取向。

（1）加涅从内外关系角度建构天赋与才能区分模型

1989 年，新南威士大学教授格罗斯（Gross）对澳大利亚的优才生进行纵向研究，并结合之前的海外研究结果试图发展一套理论体系。他的理论研究主要涉及 IQ 测试分数在 160 分以上的 15 岁学生知识、社会和情感发展方面的比较。[①] 澳大利亚政府大力资助优才教育以及资源和信息研究中心有关优才教育过程中教师专业发展的项目，格罗斯对此的贡献也很大。他在项目中使用了加涅的天赋与才能区分模型，取得了良好的效果。加涅的天赋与才能区分模型如图 5–1 所示。

加涅于 1985 年建构的天赋与才能区分模型（Gagné's differentiated model of gifts and talents），将天赋视为某一领域有着杰出的能力以及超常的表现才能。该模型解释了优才生在某一领域或某些领域中的潜在能力明显超过同龄人，其中包括智力、创造力、社会情感以及感觉动力等。[②] 该模型表明了内在变量和环境变量与个人的潜力和成绩有关。

---

① 　GROSS M U M,1993. Exceptionally gifted children[M]. London: Routledge: 106.

② 　GAGNÉ F,2006. The developmental model of giftedness and talent[C]//Gagne Conference: Gifted and talented education.Perth, Western Australia:157.

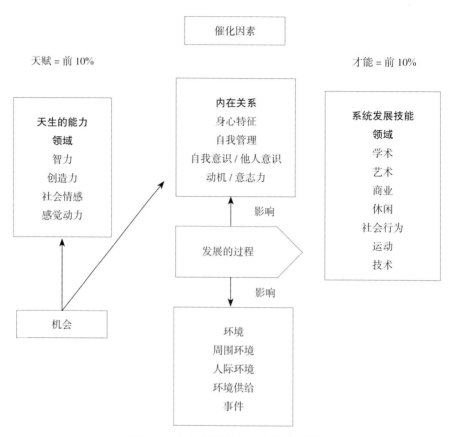

图 5-1　加涅的天赋与才能区分模型

在加涅看来，使天赋转化为才能的催化因素包括内在因素和外在因素，前者如情感，后者如适当的教育计划和环境。因此，加涅天赋与才能区分模型的核心在于关注学习的质量。另外，根据加涅发展进程模型（如图 5-2 所示），从教师的角度来说，他们要积极推动学生将天赋转化为才能，充分地把握好内在因素和环境因素的作用。

图 5-2　加涅发展进程模型

（2）强调系统内外互动关系的"3P"模型

比格斯（J. Biggs）建构了学习的预备—过程—产出模型（presage-process-product model），简称"3P"模型，如图 5-3 所示。

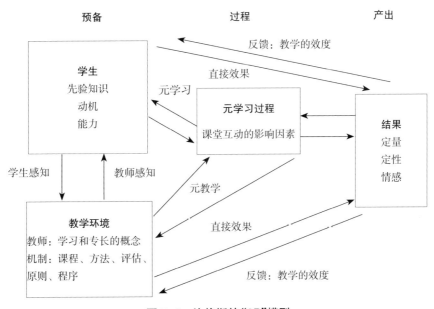

图 5-3　比格斯的"3P"模型

该模型的建构主要基于建构主义视角，认为知识的产生得益于对外在世界的测试和内在建构过程。该模型将学习描绘成系统，系统的每个部分彼此相互独立又相互作用，从而构成有机的整体。从优才教育看，系统基于某些层次发挥功能：任务、课堂以及学校和国家的教学系统。在"3P"

模型当中，与学习有关的因素能够适时地影响系统的作用发挥。预备因素包括以学生为基础和以教学环境为基础的课前准备工作。以学生为基础的预备因素包括先验知识、动机和能力。以教学环境为基础的预备因素包括教师专长、教学的内容、方式以及评估、原则、程序等。过程因素指向课堂互动的影响因素。产出往往被量化为学生的成绩、学习技能的掌握、学习策略的有效利用以及情感的参与等。在预备阶段以及过程阶段中，如果学习环境发生了变化，那么学习的质量和结果也会受到很大的影响。

对此，赖内里（L. J. Rayneri）等人的评价是，为了验证有利于学生学习潜能发挥的因素，必须考察以下因素：学生的预备阶段的因素，如学习的路径、学习的自我调节以及学习的自我效能；环境因素，包括课堂环境和评估；过程因素，包括与特定任务有关的自我调节策略以及学习路径等。[①] 也就是说，要充分考虑到学习风格偏好以及对课堂环境的感知与优才生成绩的关系。

（3）优才教育内外互动综合理论模型的建构

优才教育内外互动综合理论模型如图 5-4 所示。

加涅的发展模型描述了优才生从天赋到才能的转化过程。许多研究者拓展了加涅的发展模型，融合了内在催化因素和环境催化因素，形成优才教育内外互动综合理论模型。因此，该理论模型涉及环境催化因素，如周遭环境、供给以及成绩评判依据；还涉及内在催化因素，如自我效能、学习进路和学习的自我调节。这些都与现代动机理论密不可分，现代动机理论汲取了期望价值理论、内在和外在动机理论、目标取向理论、自我效能理论以及归因理论等理论的营养，启发了优才教育。

---

① RAYNERI L J, GERBER B L, WILEY L P, 2006. The relationship between classroom environment and the learning style preferences of gifted middle school students and the impact on levels of performance[J]. Gifted child quarterly, 50(2): 104-118.

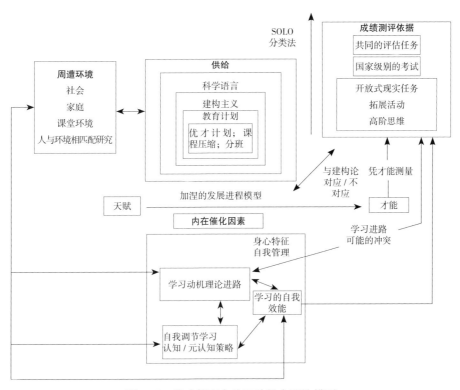

图 5-4　优才教育内外互动综合理论模型

5.3.3　系统论视域下优才教育的指导原则分析

　　传统优才教育的研究进路受限于一种结构缺陷，也就是有选拔和定位的需求。依照传统进路，首先要从一大批学生中选出优才生，然后将这些学生纳入优才教育计划中。因为这些计划仅仅在某些学校和某些区域实施，所以优才教育计划本身也是受限的。优才教育的系统论进路与传统进路不同的地方在于并不关注对学生的选拔和定位，而是为学生创造更高水平的、个性化的发展机会，让个体通过与特殊学习环境的互动来发展自身的行动库。

　　（1）注重人与环境之间的相互作用。优才教育的目标不能限定于个体的发展，而是应虑及个体和环境的互动。个体和环境的关系实际上就是一种互动模式。实际上，随意为个体贴上"有天赋"的标签对优才教育研究并不利。"才能"和"天赋"这类术语应该用来表现杰出成就的发展路径。另外，个体是否有天赋取决于个体和环境的互动。

（2）强调系统要素的协同进化。优才教育的系统论进路强调，如果注意力集中在单一的发展要素，就无法实现发展的目标。系统的局部变化对整个系统都会产生影响。因此，优才教育的系统论强调的是整体，即在没威胁系统稳定性的前提下朝着有益的方向发展整个系统。从天才的行为—环境模型看，行动库、目标、环境和主观空间需要进一步发展，从而使系统要素在发展的过程中与彼此进行有意义的互动。在此需要特别注意的是，第一，要理解个体与环境如何互动以及在互动过程中如何发展个人的潜力。第二，进一步理解环境结构。如前所述，加涅的天赋与才能区分模型将环境解构为不同的催化过程。① 由于我们将环境视为静态的，往往忽视了学习的动态过程。也就是说，同一个优才生每天不可能得到相同的学习刺激，且他们的学习环境会随着能力的变化而变化。给孩子贴上"有天赋"的标签实际上是优才教育的大忌，优才教育者应该注意到一些风险，如社会隔离、滋生以自我为中心的行为和态度、为了成功产生的极度压力等。

（3）资源定位。优才教育系统论的核心是扩展和完善每个系统的资源和能力。实际上，资源定位是系统论进路的主要特征之一。从优才教育的角度来看，需要大量的有关行动库的必需资源：适当的指导、学习能力以及相关变量的信息（在教育评估中的目标效度、生态效度、替换效度和预见性效度等；优才生的情感和社会稳定性，学习动机以及社会学习环境）。

---

① GAGNÉ F, 2004. Transforming gifts into talents: the DMGT as a developmental theory[J]. High ability studies, 15(2): 119-147.

（4）丰富学习的探索路径。优才教育工作者的实践发展本身也是试错的过程，要通过足够的测试去筛选优才生。优才教育的系统论并不是在寻找优才生，而是要发展个人才能（被界定为有个体和环境互动作用的系统）。不能简单地通过测试确定优才生，为学生提供优才教育的决定应是基于学习路径的协同建构，而这种决定过程还要经过优才教育专家的再评估。系统论视野下的优才教育要比传统优才教育的干预策略以及鼓励策略花费更长的时间。为了实现特定的学习目标，可能要虑及学习的路径，从现实的角度拓展既定的行为库。

（5）遵从动态交互规则。实际上，优才教育很复杂，并不能简单地从因果关系的角度加以理解。优才教育的系统论视角往往强调的是行动网络及其与行动库主观表征的互动，进一步反映了与反馈环路效应相关的初级效应和次级效应。实际上，不能简单地认为教师通过鼓励或干预等方式就能对个体的发展产生积极的影响。个体的发展需要一个支持性的系统，使个体在优才教育的环境下不断与他人或环境互动，从而发展个人的能力。

总之，传统优才教育往往基于错误的假设，即天赋的发展要首先确定一个关键要素，一旦确定了，就着眼于发展这个关键要素。实际上，这种天赋观是基于机械论的模式。基于优才教育系统论发展路径，优才生行动模式的形成主要围绕四个要素：行动库、目标、主观行动空间和环境。个体的行动库的不断扩张实际上取决于个体目标、主观行动空间以及与环境的互动。优才教育系统论进路的基本原则是关注个体和环境的互动，着眼于系统中各个要素的系统进化，密切关注系统内资源和能力的持续扩张，建构个性化的学习路径。

5.4 测评方法的扩展：从标准测试到 DISCOVER

5.4.1 DISCOVER 评估模式的兴起

如今，教育工作者特别是优才教师面对的最棘手的问题是，他们越来越认识到传统的测试方法往往无法准确地发现儿童的潜能，对其未来发展的预测也会失灵。多年前，由于缺乏有关学习和大脑技能的现代理论，这些传统的方法无法将心智能力进行区分。特别是，一些孩子受到语言文化的影响而没能将能力发挥出来。

琼·梅克（June Maker）提出了优才教育学生成绩评估方法，最初是为了提高优才教育计划中学生的参与度，后来这个方法被应用到认定学生的优势中，用来辨识和发展他们的优势潜能。这种评估方法面向不同优才群体的教学指导和课程安排工作，形成了认知科学以及优才教育领域的新兴范式，又被称为"DISCOVER 评估"，是一种测量个体能力的工具，是以多重智力理论、问题解决理论为基础的。为了测试学生的问题解决能力，教师需要指导学生积极解决问题。学生接受的挑战是从内敛思维（简单和封闭）到发散思维（复杂和开放）的变化。在学生解决问题的过程中，权威的观察者要认真记录他们观察到的大约 120 种解决问题的能力，之后将这些信息进行汇编用以建立"优势库"，优势库解释和扩展了评估结果，用来提升学生学习能力，为学生的职业或高校选择提供参考。①

DISCOVER 评估工具的设计是基于对数千个不同文化、语言和民族背景

---

① SAROUPHIM, KETTY M, 2002.Discover in high school: identifying gifted hispanic and native American students[J]. Journal of secondary gifted education, 14(1):30-38 .

的孩子的考察，在不同的环境下测量他们可被挖掘的先天能力，扫除优才生的认定障碍。其设计的哲学理念是均衡主义原则，即不同的团队整体能力是相对平均的，但所有人的心智力水平是有差异的，要综合虑及各种可能性，规避跨文化、跨语言、跨种族智能测试的偏见，从而在优才生的认定上确保科学公正。DISCOVER 评估的研究团队从智力公平的角度虑及适合孩子年龄、能力、语言、民族、文化的问题，观察和考证学生的问题解决策略和特征。研究团队认真记录不同学生的天赋和行为表现，通过对 5000个孩子的观察以及对高能力孩子的案例研究，经过反复的评估、修正、反馈等，设计出标准化的 DISCOVER 评估工具。

5.4.2　DISCOVER 评估模式的特征及内涵

DISCOVER 评估的重要特征主要表现在以下几个层次：（1）非偏见模式。这种评估是从有关年龄、文化、语言、地理和民族认同的研究中发展起来的，相应的设计能够适用于所有的语言和文化，消除以往评估工具中存在的种族、文化和语言的偏见。（2）以学生表现为基础。从潜能的角度用一些材料测试学生的表现。（3）智能测试的公平性。从 DISCOVER 评估来看，智能测试的指标要考虑学生各自的特点。比如，孩子的母语不是英语，在数学练习时出现了语言障碍，所以他在理解英语上下很大功夫，他们解决问题的能力因此被掩盖了。（4）参照标准有别于传统工具。通常来说，传统评估和测试工具是以规范为标准的，实际上，仅仅以答案对错作为评判标准往往会错失重要的信息，而学习能力才是关键。DISCOVER 评估是有参照标准的，对学生的测试要以学生高水平解决问题能力的程度为基础，因为只给出答案的对错是无法还原现实生活情境的。（5）标准化。评估在实施的过程中是标准化的，不过，标准化并不等同于缺乏灵活性或适应性。在标准化的框架下，许多要素能够更好地整合到文化情境中。（6）以未来为导向。DISCOVER 评估结果不同于大多数测试，它无论从长期或短期来说都是有效的。比如，对于学生来说，能够提高他们未来在家庭和学校环境中学习的效率。DISCOVER 评估测试的是学生解决开放式问题的技能以及创造力，也就是说测量的不仅仅是学生的知识或通过考试的能力，而是他们生活必需的技能。解决问题的能力对学生长远发展来说有益。

DISCOVER 评估旨在调和教育环境下问题解决及其评估发展之间的关系。心理学家契克森米哈伊曾经通过让艺术生回答开放式问题判断其发现问题的能力，以预测艺术生的创意产出。[①] 实际上，这种研究影响了优才教育的创新教学模式，其侧重于学生发现和解决问题的能力。

不同年龄段的 DISCOVER 评估的评估方式不同。学前评估（3～5 岁）要对孩子在家庭环境或熟悉环境的练习，实施一对一的观察评估。对 6 岁以上的孩子要考察其融入团队的情况，观察者要评估 4 或 5 名团队成员在同一任务中的表现，评估往往在常规课堂和熟悉的环境中进行。大多数评估是在学校环境下进行的，都是学生比较熟悉的教学环境，老师要维护正常的课堂秩序，让 DISCOVER 观察者关注课堂的活动表现。观察者的背景不尽相同，有当地的老师、管理者、双语或特殊教育专家、心理咨询师，也有优才教育领域的专家。根据评估的类型，评估的要素和程序也有差异。一般来说，孩子要参与 5 项活动：空间艺术、空间分析、口头、书面语言和数学。DISCOVER 观察者评估孩子在语言、空间、逻辑、数学、人际和内省智力、创造力等领域上的特色和优势，会关注孩子在不同训练中的问题解决技能。

---

① GETZELS J W, CSIKSZENTMIHALYI M,1976. The creative vision: a longitudinal study of problem finding in art[M]. New York: John Wiley & Sons:170.

5.4.3　DISCOVER 评估方法的应用

DISCOVER 评估以斯腾伯格和加德纳的智力理论为基础，能够弥补传统优才教育计划中的缺陷，如对优才生的认定以及课程设计问题。

人的智力和天赋的结构是复杂的，加之外在环境的影响，优才教育教学计划和课程设计也必定是多维度的和复杂的。优才教育的理论和实践教学计划要按需重构，使其与新的思想和认定程序相匹配。

优才教育重视理论和实践的结合，把学习视为个体知识和经验的转化过程。[①] 国际优才教育研究经历了由传统范式向新范式的转变。从传统范式看，天赋和高智商是一回事，通过心理学测量即可实现。从新范式看，天赋的形式多种多样，是以发展为导向的，是以不同的表现层次、合作和领域为基础的。这种新范式追求的是卓越，而不是精英主义。因为天赋是多样的，人和人之间是有差异的，所以评判标准是复杂的，是以能力为基础的。DISCOVER 评估接受的是这种新范式，将障碍最小化并增加促进因素。[②]DISCOVER 评估强调的是对学生能力的评估要注重学生解决问题的能力以及敢于冒险的精神，也就是评估学生的时候不是看学生知识学习的情况，而是要看学生运用知识的能力，学生要通过课堂上知识的学习，真正去解决现实生活中的问题。

这种评估方法已经在亚洲不少国家和地区得到了应用，包括中国、韩国等。我国大力提倡教育创新，将发展学生创造力等作为重要的培养目标整合到常规课程体系中，着力训练学生问题解决的能力。自 1998 年以

① 　BRANSFORD J D, BROWN A L, COCKING R R, 2000. How people learn[M]. Washington D.C.: National Academy Press:156.

② 　WALLACE B ,ERIKSSON G, 2006. Diversity in gifted education: international perspectives on global issues[M]. Abingdon:Routledge:112.

来，我国香港地区就应用 DISCOVER 评估来评估有天赋学生的能力以及学习有困难的学生的能力。香港浸会大学（Hong Kong Baptist University）的儿童发展中心举办的创造力大会大力推荐 DISCOVER 评估。美国亚利桑那州立大学与我国台湾地区的康宁大学的合作指导和研究项目也推崇 DISCOVER 评估。我国台湾地区的台湾师范大学也用 DSICOVER 评估残障和非残障学前孩童的智力和问题解决能力。①

---

① MAKER C J, 2001. Discover: assessing and developing problem solving[J]. Gifted education international, 15(3): 232-251.

6

关于国际优才教育研究进展的问题思考

　　国际优才教育研究经历了从传统的"动机论"进路向"系统论"进路发展的历程。纵观国际优才教育的发展，学界关于天赋问题的研究历经了四次发展浪潮，进一步深化了对优才生以及优才教育本质的认识，使得国际优才教育研究进一步深入对优才生内外动因的思考，特别是对合作学习、完美主义倾向、性别差异以及家长的角色等问题的讨论，还融入心理学、美学、教育学、哲学等诸多学科理论，引发跨学科领域学者的共鸣和思考，使优才教育领域逐渐实现跨学科的新趋向。

6.1 从四次发展浪潮分析优才教育研究发展的动因

6.1.1 以天赋一般性领域为基础的"第一次浪潮"

早期，国际上许多学者从一般性领域考察天赋的科学基础，几乎将"天赋"、"天才"和"才华"混合使用。弗朗西斯·高尔顿在 1869 年出版的书《遗传的天才》(*Hereditary Genius*) 中提出了有关"天才"的理论。他将"天才"界定为"与生俱来的非常高的能力"。[①] 他通过分析欧洲杰出人物的家族血统，指出天才是家族遗传的，就像人的相貌一样。高尔顿对天才的看法似乎有些主观，而非通过实际测试得出。他的观点有着局限性，因为他更多关注遗传因素，但也启发了后续有关天才的科学研究。

之后，英国心理学家查尔斯·斯皮尔曼（Charles Spearman）发现，各种认知测验往往是正相关的。他提出了因子分析的统计方法，认为所有的测试既有共性也有个性。他将普通的能力称为"G"，将特殊的能力称为"S"。他将"G"视为一般的和先天的，更多地遵循高尔顿的天赋遗传说。他认为，这个一般能力源于"心理能量"（mental energy）。[②] 他首次将许多很难进行的有关高水平认知能力的测试与他的因子分析相结合。这些测试的内容包括敏锐的视觉和听觉、色彩感、呼吸力、挤压拉力、高度跨度和重量。阿尔弗雷德·比奈（Alfred Binet）和西奥多·西蒙（Theodore Simon）编制了心理学量表，从教育需求角度测量优才生。比奈－西蒙量

---

① GALTON F,1892. Hereditary genius [M]. London: Macmillan:114.

② SPEARMAN C,1927. The abilities of man[M]. London: Macmillan:126.

表的内容由不同年龄段的孩子完成不同任务的能力构成。① 比奈 – 西蒙量表是首个用来测量高水平认知能力的量表。

刘易斯·推孟（Lewis Terman）利用比奈 – 西蒙量表，编制了"斯坦福 – 比奈智力量表"（Stanford–Binet Intelligence Scale），用来认定天才学童。② 推孟采纳了比奈的测试量表，也采纳了高尔顿的天才理论，认为天赋是单一的，等同于很高的智商。他为学校学生的智商进行划分：IQ 测试分数高于 135 分的学生是"适度天才"，高于 150 分的学生是"杰出天才"，高于 180 分的学生是"极端杰出天才"。他认为，关于优才生教育，教师要对轻松取得高分数的学生进行智力测试，并根据智力水平提供特殊的教育服务，让他们获得更大的进步。③

6.1.2　以天赋的特殊领域为基础的"第二次浪潮"

并不是所有学者都认同将天赋等同于高智力。路易斯·赛斯通（Louis Thurstone）是最早强调个体的天赋多样性的学者之一。他不采纳斯皮尔曼因子分析法，而是确定了七种主要的、在统计学上彼此独立的心智力：（1）言语理解（涉及理解口头材料的能力）；（2）言语流畅性（涉及迅速生成大量的文字或具有特性的概念的能力）；（3）数字（涉及快速算术运算）；（4）可感知的速度（涉及快速识别符号）；（5）归纳推理（涉及从特殊到一般的推理）；（6）空间的可视化（涉及精神上的可视化和旋转对

---

① SIEGLER R S,1992. The other Alfred Binet[J]. Developmental psychology, 28(2):179-190.

② TERMAN L M,1916. The measurement of intelligence[M]. Boston: Houghton Mifflin:58.

③ GALLAGHER J J ,COURTRIGHT R D,1986. The educational definition of giftedness and its policy implications[M]// STERNBERG R J, DAVIDSON J E.Conceptions of giftedness. Cambridge, UK: Cambridge University Press: 93-112.

象）；（7）存储（涉及记忆信息）。[①]

斯皮尔曼和赛斯通之间的争论是无法从纯粹的理论角度进行调和的。越来越多的研究支持智力的多层因素模型，这一模型提出，一个人如果其一般能力处于很高的水平以及在一般领域的智力水平接近最高，那么这个人在特殊领域上智力反而偏低。有两种智力层次理论对现代智力测试产生相当大的影响，即霍恩（J. L. Horn）和卡特尔（J. M. Cattell）的"流体智力和晶体智力理论"（theory of fluid and crystallized general intelligences）[②][③]和卡罗尔（J. B. Carroll）"认知能力三层理论"（three-stratum theory of cognitive abilities）。霍恩和卡特尔在早期将一般的智力视为两个部分：流体智力和晶体智力。流体智力取决于中枢神经系统的高效运作，而非取决于经验和文化环境；晶体智力更依赖于经验和文化环境。卡罗尔的"认知能力三层理论"是心理测量学领域呼声最高的理论之一。其中：层次 I 反映了高度专业化的技能，其中一些技能表现了赛斯通提出的基本心理能力；层次 II 反映了智力行为广泛领域的某些专业能力，包括流体智力、晶体智力、一般的记忆和学习、广泛的视觉感知、广泛的检索能力、广泛的认知速度和处理速度；层次 III 反映了以所有智力活动为基础的一种能力。[④]后来有学者将卡特尔、霍恩和卡罗尔的理论整合起来，称为"卡

① THURSTONE L M,1938. Primary mental abilities[M]. Chicago: University of Chicago Press:89.

② HORN J L, 1982. The theory of fluid and crystallized intelligence in relation to concepts of cognitive psychology and aging in adulthood[M]//CRAIK F I M, TREHUB S.Aging and cognitive processes. Boston, MA: Springer US: 237-278.

③ CATTELL R B, 1963. Theory of fluid and crystallized intelligence: a critical experiment[J]. Journal of educational psychology, 54(1): 1.

④ CARROLL J B, 2005. The three-stratum theory of cognitive abilities[M]//FLANAGAN D P，HARRISON P L.Contemporary intellectual assessment: theories, tests, and issues. New York: the Guilford Press:69-76.

特尔－霍恩－卡莱尔理论"（Cattell－Horn－Carroll theory），简称"CHC 理论"。CHC 理论仍然融入了"G"因子，强调的是对中等层级因子的测量。CHC 理论对于各种 IQ 测试的发展均有影响，包括斯坦福－比奈智力量表等。

从心理测量视角界定智力，加深了我们对人类能力衍生结构的理解。这些理论不是关于天赋本身的理论。对于天赋的理解，应该看到在"G"层次下存在有助于天赋产生的能力。美国心理学家霍华德·加德纳建构了多元智能模型。[①] 在这种模型下，多元智能并非嵌入一般因子之下的静态能力，而是独立的认知系统。加德纳将天赋界定为在特定文化下个体解决问题的一种能力或多种能力。加德纳的研究并非仅靠因子分析，而是参照 8 条标准的选择性分析，8 条标准为：（1）脑损伤的潜在隔离；（2）天才和其他特殊的个人；（3）可识别的核心操作或设定操作；（4）独特的发展历史；（5）进化历史和进化的合理性；（6）实验心理学的任务支持；（7）心理调查结果的支持；（8）倾向为符号体系编码。他研究得出 8 种智力，分别是语言、逻辑数学、空间、音乐、身体运动学、人际、内省和自然主义。[②]

虽然加德纳的理论拓展了学界对智力的认知，但也有不足。首先，总体上理论缺乏实证检验。第二，他对智力的理论解释在文献上是有选择性的，而这些文献明显不同于传统心理测量学的文献。第三，即使对各种智力进行了测试评估，也不足以证明心理测量的效度，测试的智力分数强烈影响了"G"因子。

① GARDNER H,1999. Intelligence reframed: multiple intelligences for the 21st century[M]. New York: Basic Books:35.

② RAMOS-FORD V, GARDNER H,1997. Giftedness from a multiple intelligences perspective[M]// COLANGELO N, DAVID G A .Handbook of gifted education. Boston: Allyn & Bacon:439-459.

朱利安·斯坦利（Julian Stanley）也提出了天赋的特殊领域概念，他用"早熟（precocious）"取代"天赋（gifted）"，强调天赋不是基于一般性领域，而是关于特殊领域的一种早熟。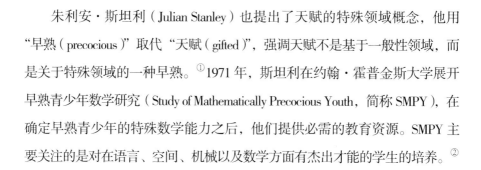1971 年，斯坦利在约翰·霍普金斯大学展开早熟青少年数学研究（Study of Mathematically Precocious Youth，简称 SMPY），在确定早熟青少年的特殊数学能力之后，他们提供必需的教育资源。SMPY 主要关注的是对在语言、空间、机械以及数学方面有杰出才能的学生的培养。[②]

6.1.3 以系统论为基础的"第三次浪潮"

一些学者认同天赋的特殊领域概念，强调具体领域的天赋，并专注于研究如何在这些领域满足优才生的学习需求，但这些研究者往往忽视了影响天赋形成的其他心理变量。在他们看来，其他的心理变量如创造力等，是天赋的输出而非输入过程，是在学习大量内容之后才形成的。第三次浪潮实际上强调的是一种系统论视角，将天赋视为一种系统。也就是说，天赋作为整体有赖于各种心理变量综合作用。发生交互作用的心理变量构成密布的网络，进一步影响创造行为。兰祖利在天赋三环模型中将天赋视为三个层次交互作用的结果，三个层次为：超常能力（well above average ability）、创造力（creativity）以及对任务的专注与投入（task commitment）。在他看来，每个层次都对天赋行为产生重要的影响。兰祖利所界定的超常能力是指跨领域应用的一般能力或特殊领域的高能力。实际上，他所认为

① BRODY L E, STANLEY J C,2005. Youths who reason exceptionally well mathematically and/or verbally: using the MVT:D4 model to develop their talents[M]// STERNBERG R J, DAVIDSON J E. Conceptions of giftedness. Cambridge, UK: Cambridge University Press: 20-38.

② STANLEY J C,1994. Mechanical aptitude: neglected undergirding of technological expertise[M]. Evanston: Illinois Association for Gifted Children:158.

的超常能力就是在任何领域中排名在前 15% 到 20% 的能力，而不是指在标准化智力测试中分数排在前 3% 到 5% 的个体能力。兰祖利还提出了两种类型的天赋："校舍天赋"（schoolhouse giftedness）和"创意产出天赋"（creative–productive giftedness）。校舍天赋是指测验的天赋或课堂学习的天赋，往往强调以学校为单位。创意产出天赋则是指杰出的知识生产天赋。与之不同的是，校舍天赋强调的是知识的高级消费者。在兰祖利看来，人类世界是充满创造力和生产力的世界，社会的发展更需要生产者。因此，真正有天赋的个体不能是重构思想的个体。① 兰祖利的研究得到了格宾斯（J. Gubbins）的支持，格宾斯认为非智力因素和智力因素对创意产出同样重要，超常能力并非高水平创造力的充分必要条件，高水平创造力的形成还涉及任务责任感、时间责任感以及学生的兴趣。②

兰祖利考虑了多种互动因素，扩展了优才生选拔的标准，但还是也遭到了批判，批判者关注的主要是两个方面：第一，天赋的三个层次是兰族利参照有成就的成年人提出的。③ 二是，他的理论主要支持的是特殊领域的天赋，他认为动机、任务责任心、创造力由于并非天赋的要素，应该是次级关注的对象。④ 兰祖利也尝试对各种批判做出回应：除了知识习得之外，需要发展创意产出技能。另外，他主张拓展认定优才生的程序，减少

---

① RENZULLI J S, 2005. The three-ring definition of giftedness: a developmental model for promoting creative productivity[M]// STERNBERG R J, DAVIDSON J E .Conceptions of giftedness. New York: Cambridge University Press:246-280.

② GUBBINS J, 1982. Revolving door identification model: characteristics of talent pool students[M]. Storrs: the University of Connecticut:122.

③ DELISLE J R, 2003. To be or to do: is a gifted child born or developed? [J]. Roeper review, 26(1): 12-13.

④ VANTASSEL-BASKA J, 2005. Domain-specific giftedness: applications in school and life[M]//STERNBERG R J, DAVIDSON J E.Conceptions of giftedness. New York: Cambridge University Press:358-377.

不平等现象，如优才教育中对少数民族的偏见以及性别歧视。^①

斯腾伯格的"WICS 天赋模型"（the WICS model of giftedness）是另一个重要的天赋系统模型，将天赋界定为智慧、智力和创造力的综合体。^②该模型包含了以下几个维度：人们在生活中需要产生新颖想法，产生创意技能和态度；评估新颖想法的分析技能和态度；在实践中落实想法的技能和态度；与有益于社会的智慧相关的技能和态度。该模型强调，优才生未必在这三个层面上表现得极端强，而是能够认识到各自的优势和不足，并在现实环境中进行自我调节。当然，该模型也遭到了批判：一是，并没有强调创造力和精神疾病之间的关系；^③二是，无法确切地预测各种天赋，如杰出的运动天赋；^④三是，并没有提供确定或指导资优孩子的具体评估程序。

6.1.4　以发展论为基础的"第四次浪潮"

一些学者过分强调天赋的遗传因素，发展论就是因反对这种主张而产生的。个体的特殊天赋并非一定源于遗传。天赋的发展理论强调的是天赋不断变化的本质，涉及各种外在模式同个体内在因素的互动。

蒙克斯（J. Monks）修正了兰祖利的三环模型，建构了天赋的多因素模型（multifactor model of giftedness），把环境因素（如学校、家庭以及同伴）同

---

① RENZULLI J S,1999. Reflections, perceptions, and future directions[J]. Journal for the education of the gifted, 23(1): 125-146.

② STERNBERG R J, 2005. The WICS model of giftedness[M]// STERNBERG R J, DAVIDSON J E.Conceptions of giftedness. New York: Cambridge University Press:327-243.

③ DAI D Y, 2003. The making of the gifted: implications of Sternberg's WICS model of giftedness[J]. High ability studies, 14(2):141-142.

④ BAKER J, COTE J, 2003. Resources and commitment as critical factors in the development of "gifted" athletes[J]. High ability studies, 14(2): 139-140.

心理学变量（如动机、创造力以及杰出能力）结合起来。加涅提出的天赋理论强调了才能发展的过程。他注意到，"天赋"和"才能"在优才教育中经常被混淆使用，据此他建议构建"天赋和才能区分模型"（differentiated model of gifted and talented）。他用这个模型主要揭示重要的环境影响力（家庭、学校、活动等）、非智力变量（动机和气质）以及学习训练，将天赋的遗传因素转化为生活中的特殊的才能（语言、科学、数学、美术、音乐等）。[①]

坦南鲍姆（Abraham Tannenbaum）提出了一种理论模型，试图描述天赋转化为才能的诱发因素。他提出五个因素：（1）智力超群；（2）杰出的特殊资质；（3）非智力因素；（4）环境影响；（5）机会。加涅将天赋视为一种潜能，坦南鲍姆则将其视为一种结果。

另一位发展理论家大卫·亨利·费尔德曼（David Henry Feldman）通过研究天才儿童构建关于年轻人如何发展才能的模型。[②]在费尔德曼看来，对于天赋的发展来说，需要特别关注七个维度：（1）认知过程；（2）社会/情感过程；（3）家庭方面；（4）教育及其正式和非正式的准备；（5）领域的特点；（6）社会/文化语境；（7）历史的力量、事件和发展趋势。

费尔德胡森（John Feldhusen）进一步从才能发展的角度建构了天赋的发展模型，尝试综合了多种天赋模型。比如，他融入了特殊领域的能力，认为基本的能力一定程度上源于遗传，而特殊能力是可以借助特殊文化环境下的经验发展的。[③]费尔德胡森建构的模型强调，由遗传确定的能力预

---

① GAGNÉ F, 2005. From gifts to talents: the DMGT as a developmental model[M]// STERNBERG R J, DAVIDSON J E.Conceptions of giftedness. Cambridge, UK: Cambridge University Press: 98-120.

② FELDMAN D H, 2000. The development of creativity[M]// STERNBERG R J.Handbook of creativity. Cambridge, UK: Cambridge University Press: 169-189.

③ CSIKSZENTMIHALYI M, RATHUNDE K, WHALEN S,1993. Talented teenagers[M]. Cambridge, UK: Cambridge University Press: 169.

先确定了智力、身体和情感发展。从学前班到小学的过程中，教师注重培养孩子的智力、身体和情感方面的发展，其中激励因素（如同学和老师）十分重要。在小学阶段，优才生显示了他们的特殊才能。在 12 ～ 16 岁阶段，优才生在优秀教师的指导下学习知识和技能，在此阶段，人格因素很重要，其中包括内控力、内在动机和自我效能感。

总之，有关优才教育的理论研究在发展中不断完善，共经历了四次发展浪潮。第一次浪潮主要聚焦于何为天赋，把天赋和智力测试联系起来；第二次浪潮聚焦于多重智力理论的建构；第三次浪潮聚焦于一般领域和特殊领域的天赋发掘以及心理变量的融入；第四次浪潮将才能置于发展的情境下研究，涉及外在变量，如环境。如今，很少有学者认为，天赋完全源于遗传。优才教育的研究逐渐关注创造力在天赋中的角色，认为天赋是一种潜力或成就。关注特殊领域天赋的学者往往强调，需要在特定领域中发展优才生的特长。因此，他们往往把天赋视为成就，低估了非智力活动的重要性，将创造力视为天赋的产物。如兰祖利和斯腾伯格认为创造力和智力同等重要，强调创造技能以及批判性思维能力。实际上，兰祖利低估了非智力活动的重要性。发展理论学家加涅将有天赋的视为有潜质的，才能是终极产物。发展理论学家强调非智力活动的角色以及创造才能的发展，在他们看来，智力和专长都很重要，是相互联系的。

6.2　对优才教育合作学习问题的再思考

在校学习期间，学生之间的互动，特别是小组间的互动，长期以来被视为提高学习效率的手段。长期以来，学生小组内的合作学习方法受到教育界的广泛关注。^① 有很多研究表明合作学习有利于提高成绩，有益于提升学生的社会技能，满足其情感需求。合作学习也受到了优才教育领域的欢迎。在合作学习的过程中，教师要组织学生围绕问题进行课堂互动。也就是说，教师要将合作学习和课堂任务结构紧密联系，鼓励学生之间的互动。

合作学习强调的是团队合作，以学习的社会建构主义理论为基础。在课堂的学习上，优才生和普通学生往往被分到了一组，这样是否会影响优才生的学习？据此，优才教育研究学者对是否要将优才生和非优才生集中起来学习争论不休。实际上，合作学习是否有益于优才生主要取决于与学习任务相关的课程设计。合作学习不应被视为一种单一的方法，而是应强调与同任务相关的学生互动。因此，在课程设计上，需要将课程结构与学习互动有机结合起来。

6.2.1 对优才生和普通生合作学习的质疑

合作学习要求学生在小组范围内，为了共同的目标进行交流和合作。为了实现共同目标，学校要从能力、才能和经验的角度为小组成员营造学习的环境。一般来说，学生通过合作的方式会收获更多。教育工作者往往认为，学生分组应该以能力水平为标准，但他们也会质疑：将优才生和一般学生分到一起工作能否产生良好的效果。^②

学界对优才生和普通生分组合作学习的质疑主要表现在几个方面：首

① PATRICK H, BANGEL N J, JEON K N, et al., 2005. Reconsidering the issue of cooperative learning with gifted students[J]. Journal for the education of the gifted, 29(1): 90-108.

② MATTHEWS M,1992. Gifted students talk about cooperative learning[J].Educational leadership, 5(2): 48-50.

先，对资质高学生的认定存在异议；第二，有关优才的界定不清，加深了对优才生和非优才生的误解。当然，也有研究显示，优才生在合作学习中的测试分数并没有受影响。也就是说，他们的分数并没有因为和普通学生分到同一组而受影响。[①] 但即便如此，这些研究结果也没有消除学界长期以来对优才生和普通生合作学习的质疑，包括担心会削弱优才生的学习动机，让他们难以享受其中的乐趣，乃至错失学习的机会。

从优才生的态度看，许多优才生并不认同合作学习，更偏爱个体学习。很多学生抱怨学习内容简单和进度较慢，不愿意同普通学生分在一组。他们更喜欢作为老师的助手指导其他学生，认为自己在小组的贡献最大、得分最高、是小组的领袖，因此如果教师将他们同普通生同等看待，他们反而觉得不公平，会产生逆反情绪，失去努力的动力。他们也会认为合作学习得到的分数实际上要比他们预期的低，或不满意于小组成员整体水平。[②]

因此，对于合作学习，首先要区分好同质或异质的优才生群体。从优才生同质群体看，因为天赋是以知识的广度和深度以及学习效率为特征的，所以优才生的学习效率高。很多学者假定优才生在所有科目的学习上都效率高，但却忽视了相当程度的异质性：优才生可能在某些科目上知识水平高，但是在其他科目则不然。其次，合作学习涵盖面很广，似乎对所有学生产生相同的效果，但不能忽视学生之间的内在差异、学习效果和动机的差异，动机差异如竞争、外在奖励以及个体对团体的贡献。

① NEBER H, FINSTERWALD M, URBAN N,2001.Cooperative learning with gifted and high-achieving students: a review and meta-analyses of 12 studies[J]. High ability studies,12(2): 199-214.

② ROBINSON A,2003. Cooperative learning and high ability students[M]// COLANGELO N, DAVIS G. Handbook of gifted education. Boston: Allyn & Bacon: 282-292.

6.2.2 探究优才教育合作学习模式的可行性

合作学习是一种为了共同目标开展通力合作的学习方式。斯莱文（R. E. Slavin）认为，合作学习指的是团队成员为了集体荣誉进行的通力合作，因此所有的学生均有获得成功的机会。① 通力合作意味着，团队成员为了完成目标任务要做到集体努力。团体合作涉及两个理论模式，即一起学习模式（learning together model）和小组教学模式（small group teaching model）。一起学习模式强调，团队成员可以共享学习资料，解决共同的问题，在整个学习过程中既要考虑个人的成绩，也要考虑集体的成绩。如此看来，此模式强调的是社会行为，如互助行为以及积极的社会情感知觉。② 另外一个相似的模式是小组教学模式，涉及较为复杂的任务，包括与规划有关的团队决策、实施各项工作等。③

斯莱文提出了 Jigsaw Ⅱ（拼图教学法第二代，一种合作学习的方法），鼓励团队之间的竞争。Jigsaw Ⅱ 是由五部分构成：阅读、专家团队讨论、家庭团队报告、测试、团队认知。④Jigsaw Ⅱ 为学生设定一个较宽泛的学习主题，之后为学生设计情境，让学生学习相关的内容，发挥各自专长。学生在互动学习的过程中取长补短，获得自己未曾了解的信息。对学生的

①　SLAVIN R E, 1983. When does cooperative learning increase student achievement?[J]. Psychological bulletin, 94(3): 429-445.

②　JOHNSON D W ， JOHNSON R T,1999. Learning together and alone: cooperative, competitive, and individualistic learning. [M]. Boston: Allyn & Bacon: 157.

③　HOOPER S, WARD T J, HANNAFIN M J, et al.,1989. The effects of aptitude comprehension on achievement during small group learning[J]. Journal of computer based instruction, 16(3): 102-109.

④　SLAVIN R E,1991. Synthesis of research on cooperative learning[J]. Educational leadership, 48(5): 71-82.

最后测评主要是以个体为单位的，而且团队成员的分数不同。从团队之间的竞争来看，Jigsaw Ⅱ要求所有团队成员首先阅读相同的材料，要先在其他团队中学习一些专业知识，之后回到自己团队与成员进行学习。学生个人测试成绩在团队内进行汇总，团队与团队之间展开竞争获取最高分数。①

此外，斯莱文还提出了其他合作学习模式，如学生小组成绩分工法（student teams-achievement divisions，简称 STAD）、团队游戏比赛法（teams-games-tournament，简称 TGT）和小组辅助下的个别化学习（team assisted individualization，简称 TAI）。这三种模式要求在上课期间学生合作完成工作表。在前两种模式中，团队成员有相同的材料，同步工作，学生按照自己的进度完成个性化工作要求。在合作学习研究中，许多任务并不要求高水平的技能，很多学生在任务完成过程中，能够很快领悟知识或所要寻找的答案是唯一的。在上述四种模式（包括前文提到的 Jigsaw Ⅱ）中，STAD 模式最便于明确教学目标，因为答案单一，如数学计算和应用、语言应用、地理和地图技能、科学事实和概念等，符合"一起学习模式"的要求。从较低层次技能来看，TGT 和 STAD 模式要比其他模式更好。不过，这两个模式在提升复杂学习能力上似乎并不是那么有效。②

很多优才生会因为课程进展慢且无挑战而厌学。上述这些模式能够激发优才生的学习动力。STAD、TGT、TAI 以及 Jigsaw Ⅱ 模式强调的是团队互动以及问责制，有益于增强学生完成任务的动机，并促使他们互助学

---

① SLAVIN R E, 1995. Cooperative learning: theory, research and practice. [M]. Boston: Allyn & Bacon: 114.

② SLAVIN R E,1980. Cooperative learning[J]. Review of educational research,50(2): 315-342.

习。斯莱文注意到，合作学习是知识传播和学生掌握技能的手段。[①] 约翰逊（D. W. Johnson）等人指出，合作学习要注意符合学生的认知、情感以及对信息的记忆需求。[②] 因此，合作学习一定要虑及知识的转换，难度适当，提出的问题一定要是符合优才生需求的复杂问题。这样看来，TAI 模式并不合适，因为即使调整优才生学习任务的难度以及使任务个性化，也无法改变正确答案唯一性的局限。此外，必须实行问责制，使所有学生均对团队作出贡献。问责制会消除懒散行为，不会让优才生觉得自己被利用了或不愿意付出过多努力。

6.2.3　廓清社会建构模式下合作学习方式的必要性

很多教育工作者习惯性地认为，知识的传播路径是从专家、教师再到学生的，从而认为学生对基本技能的掌握有赖于教师的直接指导，以及学生自身的独立实践和强大的记忆能力，但这只是低水平的学习，只是一遍遍地重复学习。高水平的学习要求培养学生的高水平技能，培养学生的批判性思维以及对概念的真正领悟，使学生能够合理地提出假设、进行逻辑推理和论证、构建概念模型等。

培养学生高水平技能的突破口在于灵活运用学习的建构主义理论。建构主义理论强调将学习建立在个体经验和积极参与活动的基础之上。与任务相关的互动在促进学生学习和理解上发挥着重要作用。学生在互动过程中整合信息，用自己的语言与他人进行交流，虑及不同的视角和观点，评估有争议的观点，修正自身不足。以问题为导向的课程体系旨在培养学生

---

① SLAVIN R E,1990. Ability grouping, cooperative learning and the gifted[J]. Journal for the education of the gifted, 14(1): 3-8.

② JOHNSON D W, JOHNSON R T,1974. Instructional goal structure: cooperative, competitive, or individualistic[J]. Review of educational research,44(2): 213-240.

高水平的思维能力。优才教育往往以这样的课程体系满足优才生的需求，鼓励学生创造性思维的发展。[①] 在这样的课程体系下，对课程内容的学习并不基于外在因素，如团队奖励，而是基于内在因素促成的。换言之，这样的课程体系旨在鼓励学生学习，课程设计以学习的社会建构论为基础，鼓励学生间的互动，推动学生合作学习以及领悟。

尽管合作学习有益于重构知识，但并非总是有效，因为团队中若存在领导和服从的关系或将某些任务交给部分成员负责，那么合作的意义就不是很大了。[②]

以社会建构论为根基、重视知识建构的合作方式有益于优才生的培养。这种合作方式使优才生不会抱怨授课内容简单、进度慢等，因为学生会根据自己的需求提出问题，并且学习的范围和进度是由学生自身决定的。这种知识建构的合作方式将有利于促使学生从他人那里学习，即使学生不完全理解探讨的主题，也可以通过相互之间的讨论深化对概念的理解。当学生之间无法达成共识时，讨论就更加重要，需要学生对问题进行更深入的思考。即使优才生对某主题了解甚多，但也可能有概念上的误解或理解不全面，也会受到他人的挑战。下面举例说明：有学者在 8 年级自然科学课上进行为期 6 个月的观察。该自然科学课的主题是全球气候现象，探讨科学家为何认为人类使地球的气候变得越来越暖。雷蒙德是公认的优才生，他跟三个普通生分成一组。虽然他知识面广，但在小组讨论过程中也显示出认知缺陷，比如他认为沙漠没有植物，就遭到同组成员的纠错。同组成员批判雷蒙德的观点，这加深了他对问题的思考，从而扩展了

---

① VANTASSEL-BASKA J, 2003. Content-based curriculum for high-ability learners: an introduction[M]// VANTASSEL-BASKA J，LITTLE C. Content-based curriculum for high-ability learners. Waco, TX: Prufrock Press:1-24.

② PARR J M, TOWNSEND M A R, 2002. Environments, processes and mechanisms in peer learning[J]. International journal of educational research, 37(5): 403-423.

他对相关知识的理解。^①

当然，在分组课程教学过程中，重视知识建构的合作方式也要充分考虑所有成员的参与。在同质化和异质化的小组环境中，学生的学习体验不同，效率也不同。无论成员是否为优才生，这种合作学习的优势是让所有的学生参与到讨论中来，分享他们的观点，做到彼此尊重和信任。在这个过程中，教师要提供全方位的指导和示范，即使部分学生观点偏颇，老师也要尽可能避免学生之间的嘲笑或人身攻击情况的发生。优才生可以在这些团队中，能够扮演重要角色提升领导力和自我调节能力，甚至协助老师完成教学任务。因此，优才生和普通生合作学习通常不会影响到优才生能力的提升。

6.3　对优才生特殊问题的厘析

一般来说，优才生是在某个或某些领域有一定天赋的学生，特别是其学业成绩优异，智商高，思维敏捷，具有创造性思维，以目标驱动学习，往往对自己严格要求。因此，优才生往往陷入完美主义的苦恼，这也为学校和家长带来了培育压力。

6.3.1　优才生的完美主义倾向

自 20 世纪 20 年代以来，优才教育领域往往将完美主义视为一种天赋的表征。当然，天赋的表征还涉及敏感度、情感差异以及情感强度的提

---

① EDELSON D C, GORDIN D N , PEA R D, 1999. Addressing the challenges of inquiry-based learning through technology and curriculum design[J]. The journal of the learning sciences, 8(3/4) :391-450.

升，但是完美主义是天赋的重要特征。[①] 一般来说，完美主义是一把双刃剑，既有积极的影响，也有消极的影响。一些学者认为，完美主义倾向有助于发展优才生的天赋，优才教育就是要把完美主义和天赋关联起来，比如心理学家常常用"资优学生行为特征评估量表"（Scales for Rating the Behavioral Characteristics of Superior Students）测量优才生完美主义的倾向。[②] 优才生往往被贴上"完美主义"的标签，但由此造成的消极后果也是显著的。当优才生无法满足非现实的期盼时，他们往往会感到沮丧，因为过于追求完美。加拿大心理学家休伊特（P. L. Hewitt）等人开发了多维完美主义量表，用 45 个选项评估与完美主义相关的三个维度：自我导向的完美主义（完全关注高标准）、社会诊断的完美主义（由他人所设定的标准）和其他导向的完美主义（验证他人对个人的期盼）。优才教育过程中，教师要引导学生认识到完美主义倾向的不足，认识到哪些活动是最有价值的并付诸实践，让学生学会直面失败，认识到虽然现在不够完美，但未来一定会更好，让学生多发展个人的兴趣爱好，积极探寻实现自我价值的方式。

6.3.2 女性的天赋与心理咨询

大多数有天赋的女性会面临无法施展能力和才能的窘境，特别是在家庭上出现个人决策失灵、家长和老师对女性天赋能力发展的期盼不高，因此优才教育要特别虑及性别因素的作用。

对于优才生的择业教育应虑及以下维度：（1）多向潜能（在多种职业上获得成功的能力），（2）投资（经济成本和个人成本，比如满足求职需

① SCHULER P A,2000. Perfectionism and gifted adolescents[J]. Journal of secondary gifted education, 11(4): 183-197.

② RENZULLI J S, SMITH L H, WHITE A J, et al.,1976. Scales for rating behavioral characteristics of superior students[M]. Mansfield Center, CT: Creative Learning Press: 79.

求的文凭），（3）期盼（与职业有关的价值），（4）流动性（实现自身社会地位的流动性），（5）生活方式（职业对个人的日常生活的影响）；（6）创新（融合多学科知识，如天文学、物理学）。针对这些维度，埃克尔斯（J. S. Eccles）等用"成绩选择模型"（achievement-choice model）测试加拿大优才生的学习情况。课题组针对 7 年级和 10 年级的 1400 名被试，展开了纵向研究，并在三个阶段搜集学生家长、教师和咨询师的数据。从第一阶段数据搜集的最初结果看，女性和男性在能力、职业兴趣、家庭和职业关系上有差异。青少年会根据传统性别差异选择职业，即女生选择艺术或服务行业，而男生选择科学和技术行业。[①] 路帕卡（D. Lupaschuk）等人考察了高年级小学生、初中生和高中生的职业倾向，结果发现学生倾向于选择传统行业的职业。有天赋的女生的职业选择仍然是传统行业，她们不太接受富有挑战性的新兴行业。[②]

鉴于此，从人格和职业发展的角度看，有天赋的女性从孩童到成年阶段有时候需要借助咨询师的帮助。从职业咨询的角度上说，大多数成年的有天赋的女性需要兼顾全职工作、家庭以及婚姻，所以需要处理多种问题，掌握更多的技能和信息。从人格咨询角度看，有天赋的女性要勇于发挥创造力，勇于应对各种挑战，学会平衡自身优缺点，鼓励其追求卓越的目标。

① ECCLES J S, BARBER B，JOZEFOWICZ D,1999.Linking gender to education, occupation, and recreational choices: applying the Eccles et al. model of achievement-related choices[M]// SWANN W B, LANGLOIS J H, GILBERT L A.Sexism and stereotypes in modern society: the gender science of Janet Taylor Spence.Washington D.C.: APA Press:153-192.

② LUPASCHUK D, YEWCHUK C, 1998. Student perceptions of gender roles: implications for counselors[J]. International journal for the advancement of counseling, 20(4): 89-101.

6.3.3 优才生家长的迷惘

有时候，孩子有天赋，家长的压力也很大，不知如何满足孩子的诸多需求。家长从教育工作者处获得的信息比较单一，只是了解到孩子是有天赋的，但不知道指导孩子的方法。因此，家长需要联系专业的咨询师，获得更多的指导。咨询师不仅能够关注孩子的需求，还可以帮助解决家长关心的问题。对有优才生的家庭来说，一般有两种类型的家庭咨询：发展和家庭指导。从发展的角度看，家长的咨询更多关注的是孩子的最优化培养，而非诊断心理健康问题；从家庭指导角度看，咨询师往往帮助家长了解 IQ 测试的意义以及讨论未来的发展建议。[①] 桑德拉·夏纳（Sandra Shiner）是加拿大多伦多安大略教育研究院的专家，其针对优才生的咨询提出了建议：咨询师要特别针对优才生的心理、教育和职业指导的需求进行培训，使优才生能够体验到指导需求，同时关注优才生家长的高期盼、家长的压力以及社会的期盼。[②]

优才生的家长进行咨询有益于培养家长和学校之间的合作关系。优才生的家长要增强培育优才生的自信心，增强和孩子之间的互动。[③] 为了使优才生做出积极的行为改变，最大程度地发挥自身潜能和优势，除了要激励优才生的学习之外，家长还要及时纠正孩子的不良行为并做相关的专业咨询工作，认真听取咨询师的建议和修正优才生的不良行为，利用家庭优

---

① SILVERMAN L K,1993. The gifted individual[M]// SILVERMAN L K.Counseling the gifted and talented. Denver: Love Publishing Company:3-28.

② SHINER S M,1981. A different understanding: gifted and talented children[M]. Toronto, Ont: TV Ontario:146.

③ MOON S M,2003. Family counseling with the Gifted[M]// COLANGELO N，DAVIS G. Handbook of gifted education. Boston, MA: Allyn & Bacon: 388-402.

势解决相关问题。

6.4　从哲学实在论视角反思优才教育的发展理念

许多优才教育研究仍然坚信，智力是单一的，是可以量化的。西斯克（D. Sisk）等人认为，对智力概念的建构应该符合量子力学的要求以及符合对宇宙认知的要求。[①]哈尔曼（W. Harman）阐述了实在论的观点，包括唯物主义一元论、二元论以及超验一元论。[②]这种哲学实在论立场为优才教育的理念提供了一种思考路径。

6.4.1　优才教育的三种实在论视角

（1）唯物主义一元论

我们对本我的认知源于神经活动的结果，得益于长期以来的进化。在物质世界中，万事万物都有其构成的要素，因此我们可以通过解构物质本身理解物质。在这种实在论视野下，实证主义认为，由于知识存在于主体之外，所以仅凭客观的观察以及可靠的测试即可发现真理。也就是说，我们可以通过定量的研究方法，搜集实证数据，经过演绎推理发现真理。[③]从这个角度来说，需要从客观世界获取知识。如果将这种哲学视野延伸到优才教育的教学理念，那么学生学习的是被预先设定好的

---

① SISK D,TORRANCE E P, 2001. Spiritual intelligence: developing higher consciousness[M]. Buffalo, NY: Creative Education Foundation Press:76.

② HARMAN W,1998. Global mind change: the new age revolution in the way we think [M]. San Franciso: Berrett-Koehler:115.

③ ALKOVE L, MCCARTY B,1992.Plain talk: recognizing positivism and constructivism in practice[J]. Journal of the association of teacher educators, 14(2): 16-22.

知识和技能，"教"是知识由教师传给学生的过程，而成绩的考评取决于标准化测试的结果。由此，优才教育的计划仅仅是为测试分数高的学生服务的，忽视了天赋培养的多维因素。

（2）二元论

对意识（个体对外在现象世界的主观解释）的研究可以通过观察、描述、访谈等方法进行。意识还涉及个体对内在感受、记忆以及印象的主观解释，以及超意识或灵性。相关研究方法包括访谈、内心探索、梦的分析等。建构主义作为一种教育哲学，遵循一种二元论进路，认为知识的形成源于个体同环境的互动。真理与个体的价值判断有关，个体通过将客观世界和主观映像的信息整合，建构真理。

从二元论看，学习是一种内在的活动，通过联系主客观知识，不断地建构和修正知识网。学习源于学习主体和学习对象之间的交互关系。学校要帮助学生建构知识和发展能力，要为学生创造知识习得的条件。学习成绩被视为学生运用所学知识解决现实问题这一能力的表现。斯腾伯格认为智力还应涉及通过创造思维、分析思维和实用思维适应现实生活环境的过程。从这个角度上看，优才是指在特定领域解决问题的杰出才能。[①] 任祖利等人构建的全校性丰富模式（schoolwide enrichment model）也反映了二元论，为学生在复杂的现实活动中提供学习技能的机会，这些活动的类别包括视觉艺术、戏剧、舞蹈、创意写作、技术写作等。[②]

（3）先验一元论

先验一元论认为，我们仅仅从已知的物质世界或现象世界中是无法发

① STERNBERG R,1996.Successful intelligence: how practical and creative intelligence determine success in life[M]. New York: Plume:49.

② RENZULLI J S, REIS S M, 1997. The schoolwide enrichment model: new directions for developing high-end learning[M]// COLANGELO N, DAVIS G A.Handbook of gifted education. Needham Heights, MA: Allyn and Bacon:136-154.

现终极真理的，而是要超越物质范畴。量子物理学描述的世界是基于量子维度的。物理学家玻尔（David Bohm）认为，对宇宙的认识可以从不可分割的整体视角把握。① 从量子论维度上看，不存在分裂，仅仅存在部分与较大整体的相互联系。

整体论（Holism）符合这个观点，认为宇宙是由不可分割的整体构成的，但不能还原为部分的集合。因此，这种理论强调的是定性和定量方法，并结合超个人方法论（transpersonal methodology）。超个人方法论强调的是从个人意识（情感、意愿和逻辑）到整体意识的活动。数据搜集的方法包括冥想、系统沉思、视觉追求、创意写作、个人叙述、仪式等。② 从这种形而上的角度看，所有的思维都应得到重视，包括深刻反思、直觉和联想思维。

6.4.2　从整体论视角思考优才教育的方法论

整体论教育方法是以整体论为基础的，在教育的过程中整合多层次水平的意义和经验。整体论教育强调课程的设计要充分虑及交互作用的原则，如概念、主题领域、社区、人文、艺术、科学、生态系统和历史之间的关联。教师要为学生传授内在和外在现象的经验，从而达到知识习得的目的。③ 据此，个体的学习必须超越文化、偏见、价值观、自我、过去的经验以及自我意识的界限。从这个角度看，学校的基本目标在于让学生做到自我实现和自我超越，从而成为有益于社会的人。

---

① NICHOL L,2003. The essential David Bohm[M]. New York: Routledge:124.

② BRAUD W, ANDERSON R,1998. Transpersonal research methods for the social sciences: honoring human experience[M]. Thousand Oaks, CA: Sage:39.

③ MASLOW A H,1971. The farther reaches of human nature[M]. New York: Viking Press: 45.

　　优才教育的整体论视角侧重将智力发展、价值判断和环境因素加以整合。智力由两部分组成：感知整体能力，以及思维和行为能力。智力的发展离不开环境因素和价值观塑造。优才生的潜能的挖掘和提升不是通过刻意的教学模式实现的，整体论视角侧重于发现和发展天赋行为，而非刻意地认定优才生。以整体论视角，探究优才教育发展之路，就要把授课班型、课程内容、教师技能、开展活动等整合起来，比如采取小班型教学模式、提供灵活和多样的教学内容，培养学生的学习热情以及参与教学和科研活动的积极性，进一步培养学生的创造性行为能力。

　　优才教育的整体论视角侧重于发展学生多样化的思维能力，其中包括反式逻辑思维（trans-logical thinking）。在科学和艺术创新领域中有一种特别显著的反式逻辑思维，即意识的变化状态。[1] 在意识的变化状态下，知觉超越了正常的感知，思考超越了逻辑和自我思维。马斯洛描述了一种"B-认知"，是一种发生在高峰体验中的反式逻辑思维。[2] 也就是说，存在一种交互联系感，这是一种超越客体的强烈认知，是一种对时空感的扭曲，类似于契克森米哈伊所描述的意识在完美有序地流动。这种意识流常常表现在艺术、体育、科学和学术界，当所有的信息转化为人的意识的时候，心理能量不断流动，使这些信息符合活动目标。[3]

　　优才教育的整体论视角试图从先验一元论的角度思考智力和天赋的定义。心智力是能够被感知的，斯腾伯格认为心智力是受价值观引导的。在课堂教学上，斯腾伯格建议采取智慧教学的方式：（1）帮助学生用智慧解决问题，（2）帮助学生思考为了实现共同目标要如何努力解决问题，（3）

---

① HARMAN W，RHEINGOLD H，1984. Higher creativity: liberating the unconscious for breakthrough insights[M]. Los Angelos: Tarcher:92.

② MASLOW A H,1998. Toward a psychology of being [M]. New York: Wiley:37.

③ CSIKSZENTMIHALYI M, 1990. Flow: the psychology of optimal experience[M]. New York: Harper Perennial:145.

帮助学生平衡个人利益和他人利益,(4)提供分析历史上智慧思维的例子,(5)为学生树立榜样智慧,(6)帮助学生辩证思考,(7)向学生表明对用智慧解决问题的重视,(8)鼓励学生课堂外的体验学习。①

从哲学实在论反思优才教育需要虑及方法论的使用问题。一是,对优才的认定方式过于狭隘,比如过多依赖定量研究方法测试和认定优才生。二是,二元论和先验一元论的视角也有很大的缺陷。在优才教育过程中应该将多种视角综合起来,鼓励学生在现实教学活动中积极参与。因此,优才教育应从整体论角度探索优才生的潜能和发展路径,不能依靠量化标准认定优才生。这种整体论倡导一种教学理念的变革,鼓励优才生自我实现,培养优才生特殊能力,满足优才生特殊的学习需求,帮助优才生发现和发展自身潜能,在育人的过程中充分考虑情感、想象力、直觉、理想、价值观和创造力等综合因素。

---

① STERNBERG R, 2000. Wisdom as a form of giftedness[J]. Gifted child quarterly, 44(4): 252-260.

7

结　论

许多学者认为天赋涉及一个人的能力、思维和动机。有天赋的人往往在智力上表现出超常的水平，并且在完成任务上有着较高的创造力。从优才教育角度看，优才生除了在智力和社会特征方面有所不同外，他们的情感特征也有差异。本研究认为，优才教育不能仅仅针对智商高以及在某个领域或某些领域有特长的个体，而是要关注学生的综合能力。据此，优才教育的关注点应转向学生的社会情感需求，重视学习过程而非结果，看重学生解决问题的能力。

7.1　结论

解决问题的能力涉及为了实现目标而形成的认知、情感和社会能力。在发展过程中，这些技能有益于个体在日常生活中对社会的适应。孩子早期解决问题的经验对其后期社会和情感生活体验都会产生积极的影响。因此，国际优才教育研究循着这条路线展开：由早期关注优才生的动机到研究影响优才生学习的社会环境因素和文化因素。也就是说，学习并非被动的过程，而是积极主动的过程，是学生与社会互动的发展过程。由此，优才教育研究逐渐从动机论向发展系统论扩展。当然，优才教育研究在实践中也存在很多问题，如性别偏见、优才生在异质群体中的合作学习、家长咨询等。特别是在合作学习过程中，无论是在异质群体还是同质群体中，优才生都保持独立的个性，在面对面互动的过程中进行积极认知，由此也产生关于如何培养优才生社交能力以及团队合作能力的思考，这也是国际优才教育研究密切关注的新动向。

7.2　研究展望

目前，国内有关国际优才教育的研究资料很少，本研究通过梳理大量国外文献，探究国际优才教育研究的进展，这对笔者的英文水平形成了极大的考验。国际优才教育的理论研究横跨多学科领域，包括心理学、哲学、语言学等，具有学科交叉研究的特点，这也为笔者的研究带来了相当大的挑战。鉴于国际优才教育研究涵盖的学科范围较广，涉猎的理论深度较大，加之对外语能力的要求较高，笔者在文本翻译和梳理的过程中难免存在不足，还望批评指正。

在此，基于国际优才教育的拓展研究，提出下述展望：一是，从社会文化角度，剖析影响优才生的社会文化、情感因素。国外学者虽然已经研究了未能充分发挥学习潜力的优才生，但是也许还需要从学生的社会文化、情感需求角度加以深入研究。在许多国家，许多中小学仍然坚持以特长或 IQ 测试分数来认定优才生，以此发展优才干预计划。但不能忽视的是，还有一些未能充分发挥学习潜力的学生，社会文化、情感等因素导致他们的能力与学习表现不符。这类学生往往在某个领域或某些领域中表现特殊，但却被忽视，没有得到家长和教师的鼓励和支持。二是，关注优才生的伦理道德问题。许多未能充分发挥学习潜力的学生似乎社会能力不强，会有很多情感问题，往往会有反社会特征和行为，这也是值得研究的另一方向。这些学生往往缺乏道德良知，做事容易冲动和鲁莽，可能会用自己的智慧欺骗他人。三是，关注对优才生的干预策略。对于潜力没发挥出来的学生来说，他们的课堂表现和他们的 IQ 测试、能力测试结果不符，而且这是非常普遍的，主要原因包括错误的测试、课堂活动无法激发学生的潜力或学生有意伪装自己的能力。学生未能充分发挥学习潜力多是环境因素（同学影响、教学质量不高或教学素材不够）或个人因素（神经的、心理的或身体的障碍）所致。一些优才生的潜力没有发挥出来的原因还在于自身的不良习惯，比如学习拖延造成学习效率降低。导致优才生没有发挥出个人潜力的外在因素有很多，预防要比治疗更有效，干预得越早，就越有效果，这也是值得探索的另一个方向。